바쁜 친구들이 즐거워지는 **빠**른 학습법 — 바빠 초등 한자 시리즈

바빠

김정미, 강민 지음

급수 시험과 어휘력 잡는

초등 한자 총정리

300자 완성

이지스에듀

지은이 | **김정미, 강민**

김정미 선생님은 서울 교대에서 초등교육을 전공하고, 20년 넘게 교단을 지키고 있는 선생님이다. 남편 강민 선생님과 함께 초등 한자 분야에서 스테디셀러로 자리매김한 바빠 급수 한자 시리즈를 공동 집필하였다. 바빠 급수 한자 시리즈는 어원을 그림으로 그려 설명하고 획순에 이야기를 담아 어린 아이들도 한자를 쉽게 익히고 급수를 딸 수 있도록 구성한 시리즈로 《바쁜 초등학생을 위한 빠른 급수 한자 8급》, 《바쁜 초등학생을 위한 빠른 급수 한자 7급》 ①, ②와 《바쁜 초등학생을 위한 빠른 급수 한자 6급》 ①, ②, ③ 등이 있다.

강민 선생님은 서울대에서 인문학을 전공하고, 컴퓨터 프로그래머로 일하며 한자를 좋아하여 관심을 두다가, 첫 아이 태교를 하면서 한자의 모양과 소리와 뜻을 파헤치기 시작했다. 부인 김정미 선생님과 함께 《바쁜 초등학생을 위한 빠른 급수 한자 8급》, 《바쁜 초등학생을 위한 빠른 급수 한자 7급》 ①, ②와 《바쁜 초등학생을 위한 빠른 급수 한자 6급》 ①, ②, ③ 등을 출간했다. 한자가 쉽게 외워지는 세 박자 풀이말을 고안해 풀이말을 읽으면 어려운 한자도 척척 써낼 수 있도록 하였다.

바쁜 친구들이 즐거워지는 빠른 학습법 – 바빠 초등 한자 시리즈

바빠 급수 시험과 어휘력 잡는 초등 한자 총정리

초판 1쇄 발행 2024년 3월 27일
초판 3쇄 발행 2025년 2월 12일
지은이 김정미, 강민
발행인 이지연
펴낸곳 이지스퍼블리싱(주)
출판사 등록번호 제313-2010-123호
주소 서울시 마포구 잔다리로 109 이지스 빌딩 5층(우편번호 04003)
대표전화 02-325-1722 팩스 02-326-1723
이지스퍼블리싱 홈페이지 www.easyspub.com 이지스에듀 카페 www.easysedu.co.kr
바빠 아지트 블로그 blog.naver.com/easyspub 인스타그램 @easys_edu
페이스북 www.facebook.com/easyspub2014 이메일 service@easyspub.co.kr

기획 및 책임 편집 정지연 | 이지혜, 박지연, 김현주 교정 교열 양정화
표지 및 내지 디자인 손한나, 책돼지 전산편집 책돼지 일러스트 김학수 인쇄 보광문화사
영업 및 문의 이주동, 김요한(support@easyspub.co.kr) 마케팅 라혜주
독자 지원 박애림, 김수경

ISBN 979-11-6303-563-3 63710
가격 16,800원

교과 어휘력과 급수 시험을 모두 잡는

《바빠 초등 한자 총정리》

기초 한자를 알고 나니 교과서가 쉬워져요!

교과서에 나오는 학습 용어의 90% 이상이 한자어예요. 한자를 모르면 학년이 올라갈수록 교과서를 이해하기 점점 더 어렵습니다. 그래서 교육부에서는 한자의 중요성을 고려해 초등학생도 최소 300자의 한자를 익힐 것을 권장합니다. 교과서를 쉽게 이해하고 싶은 친구들이라면, 기초 한자를 꼭 떼고 넘어가세요! 모든 과목의 공부에 큰 도움이 되니까요.

8급부터 6급까지 급수 시험에도 합격할 수 있어요 !

'바빠 초등 한자 총정리'는 초등학생들이 급수 시험을 대비해 한자를 배우는 현실을 고려하여 8급 50자, 7급 신출 한자 100자, 6급 신출 한자 150자를 모아 300자로 구성했어요. 8급부터 6급까지 순차적으로 공부하면 각 급수 시험 준비를 한 권으로 빠르게 끝낼 수 있어요.

만약 처음부터 6급 시험을 준비하는 친구들이라면, 8급과 7급 책을 각각 사지않고도 이 책 한 권으로 준비할 수 있어 더 좋아요.

신기하게 공부가 잘 되네? '바빠 초등 한자 총정리' 학습 설계 – 그림 한자, 풀이말

이 책은 한 권으로 빠르게 초등 필수 한자를 끝내도록 본문을 구성했습니다.

하나, 한자 바로 옆에 한자가 연상되는 그림을 배치해 쉽게 이해하고 기억할 수 있어요.

둘, 풀이말을 필순에 맞게 세 박자로 구성해, 리듬감 있게 읽으면서 쉽게 기억할 수 있어요.

그 밖에도 한자마다 초등학교 교과서와 일상생활에서 많이 쓰이는 한자 어휘를 3개씩 수록해 어휘력을 키울 수 있어요. 또 한자 쓰기 노트를 제공해 쓰는 연습도 충분히 할 수 있어요!

중학교 입학 전, 이 책으로 초등 한자를 총정리해 보세요!
한자의 모양과 속뜻 그리고 쓰임을 익히면 급수 시험에도 빠르게 합격할 수 있을 거예요.

1 풀이말 읽기 & 한자 쓰기 세 박자 풀이말을 따라 읽으면 알게 된다!

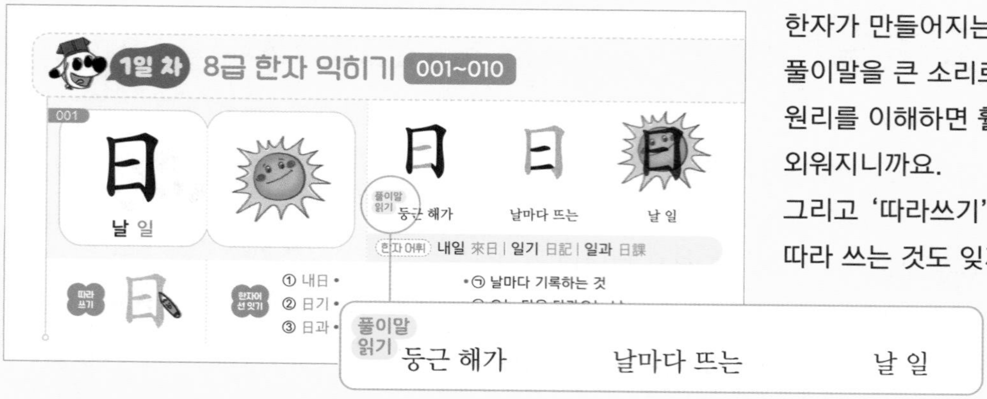

한자가 만들어지는 원리가 담긴 풀이말을 큰 소리로 따라 읽으세요. 원리를 이해하면 훨씬 더 쉽게 외워지니까요. 그리고 '따라쓰기'의 회색 글자를 따라 쓰는 것도 잊지 마세요.

2 한자 어휘 익히기 한자 어휘를 이해하니 문해력도 좋아진다!

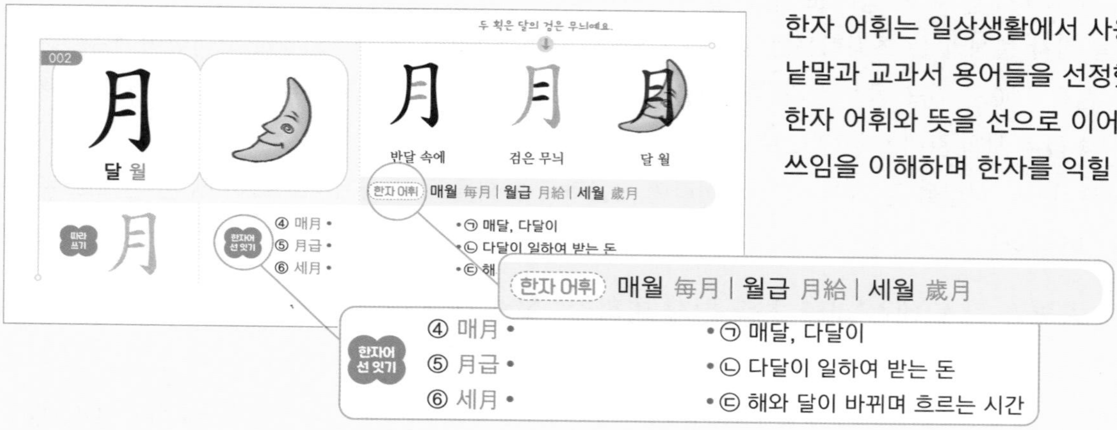

한자 어휘는 일상생활에서 사용하는 낱말과 교과서 용어들을 선정했어요. 한자 어휘와 뜻을 선으로 이어 보세요. 쓰임을 이해하며 한자를 익힐 수 있어요!

3 특별 부록 한자 쓰기 노트로 쓰면서 익히기

1일 차 학습에 맞추어 부록인 한자 쓰기 노트에 쓰면서 익히세요. 필순에 따라 쓰는 연습을 해 보세요. 본 책에서 배운 풀이말을 떠올려 쓰면 기억에 더 오래 남아요.

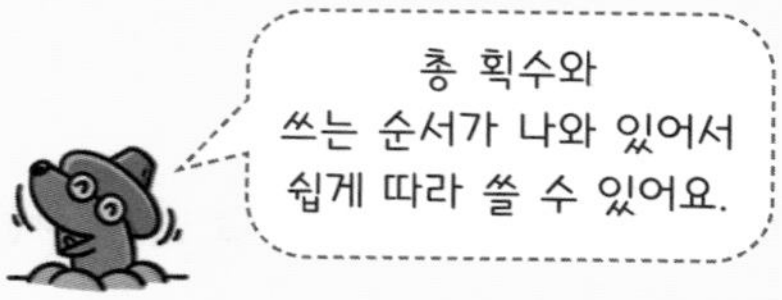

4 복습으로 기억 되살리기

하루에 10자를 학습한 후 1회 복습하고, 50자 학습 후 다시 한 번 복습합니다.
이 책의 촘촘한 복습 설계를 따라 한자 암기력을 높이세요!

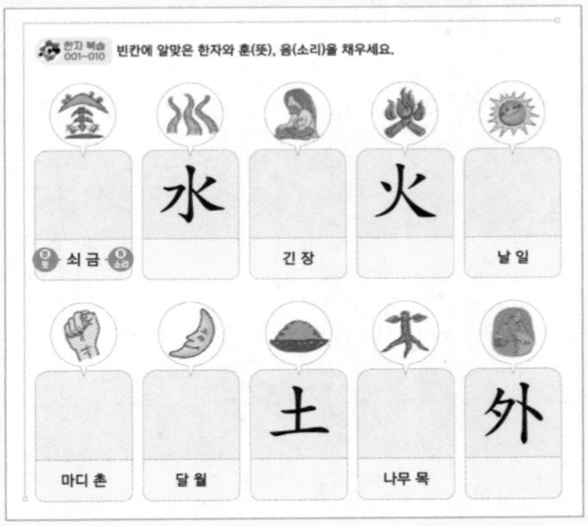

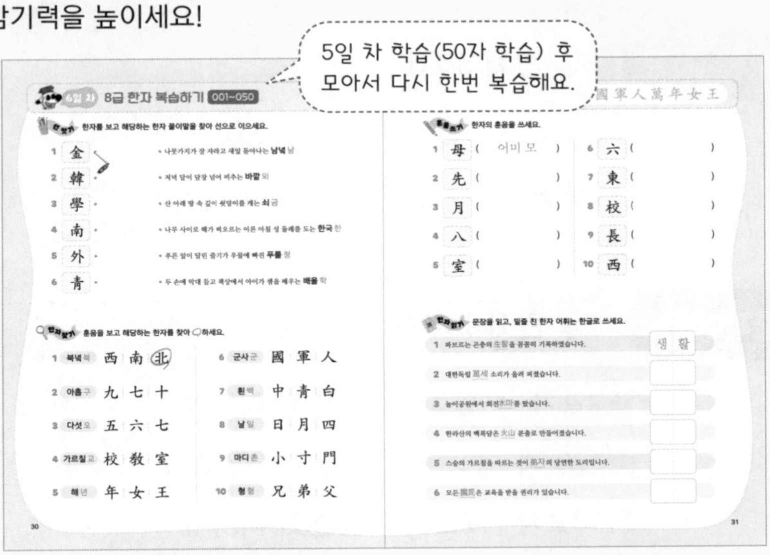

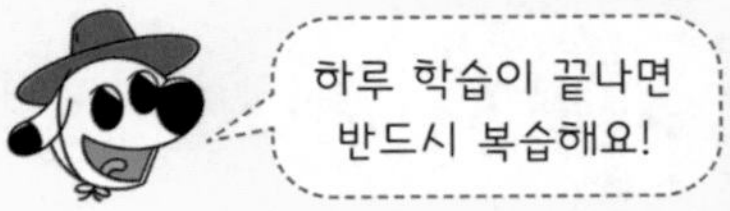

5 모의 시험으로 완벽하게 마무리

8급부터 6급까지 기출 문제를 분석한 모의 시험을 수록했어요.
모의 시험지와 답안지를 모두 제공하고 있어 실제 시험장에서 시험을 보듯이 답안 쓰는 연습도 할 수 있어요.

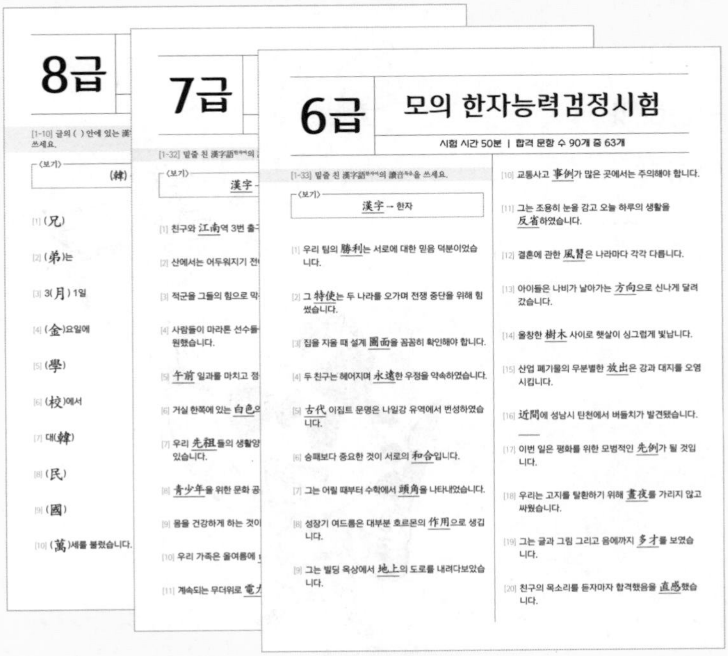

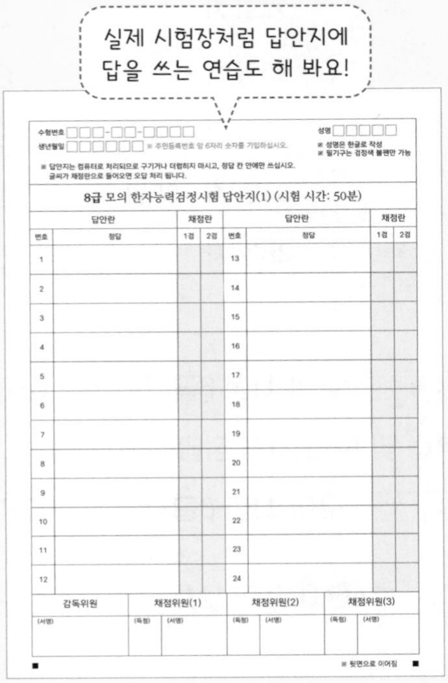

차례

바빠 급수 시험과 어휘력 잡는 초등 한자 총정리

나만의 초등 한자 총정리 일정표

목표 진도 ________ 일

공부를 끝낸 후, 헷갈리는 한자는 다시 한 번 쓰면서 정리해 보세요.

날짜	헷갈리는 한자 쓰기	날짜	헷갈리는 한자 쓰기
월 일		월 일	
월 일		월 일	
월 일		월 일	
월 일		월 일	
월 일		월 일	
월 일		월 일	
월 일		월 일	
월 일		월 일	
월 일		월 일	
월 일		월 일	
월 일		월 일	
월 일		월 일	
월 일		월 일	
월 일		월 일	
월 일		월 일	
월 일		월 일	
월 일		월 일	
월 일		월 일	

8급 한자 미리보기

1 일차	日	月	火	水	木	金	土	外	寸	長
	날 일	달 월	불 화	물 수	나무 목	쇠 금	흙 토	바깥 외	마디 촌	긴 장
2 일차	一	二	三	四	五	六	七	八	九	十
	한 일	두 이	석 삼	넉 사	다섯 오	여섯 륙	일곱 칠	여덟 팔	아홉 구	열 십
3 일차	東	西	南	北	小	門	山	中	青	白
	동녘 동	서녘 서	남녘 남	북녘 북	작을 소	문 문	메 산	가운데 중	푸를 청	흰 백
4 일차	父	母	兄	弟	先	生	學	校	敎	室
	아비 부	어미 모	형 형	아우 제	먼저 선	날 생	배울 학	학교 교	가르칠 교	집 실
5 일차	大	韓	民	國	軍	人	萬	年	女	王
	큰 대	한국 한	백성 민	나라 국	군사 군	사람 인	일만 만	해 년	여자 녀	임금 왕

첫째 마당

초등 한자의 기초,

8급 한자 50자

첫째 마당에서는 요일, 숫자, 방위 등 생활에서 쓰이는 기초 한자를 학습합니다. 생활 속 낱말들은 요일부터 숫자에 이르기까지 한자어로 되어 있는 경우가 많습니다.

이번 마당을 통해 초등 한자의 기초인 8급 한자를 익혀 보세요!

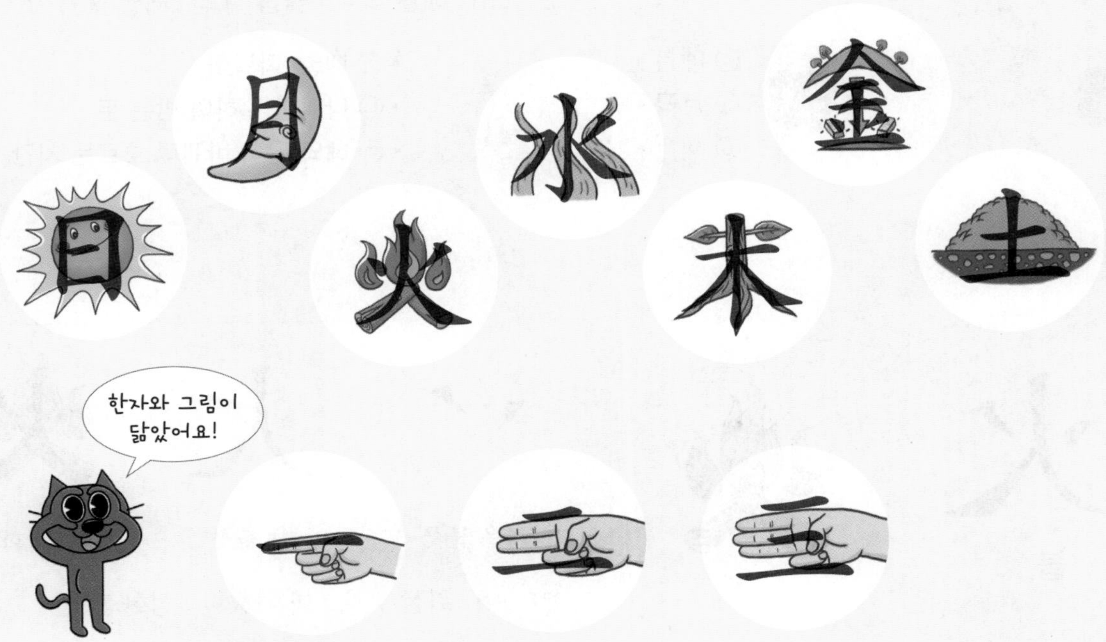

1일 차 8급 한자 익히기 001~010

001

日

날 일

풀이말 읽기 둥근 해가 | 날마다 뜨는 | 날 일

한자 어휘 내일 來日 | 일기 日記 | 일과 日課

따라 쓰기 日

한자어 선 잇기

① 내日 •
② 日기 •
③ 日과 •

• ㉠ 날마다 기록하는 것
• ㉡ 오늘 다음 다가오는 날
• ㉢ 날마다 해야 하는 일

두 획은 달의 검은 무늬예요.

002

月

달 월

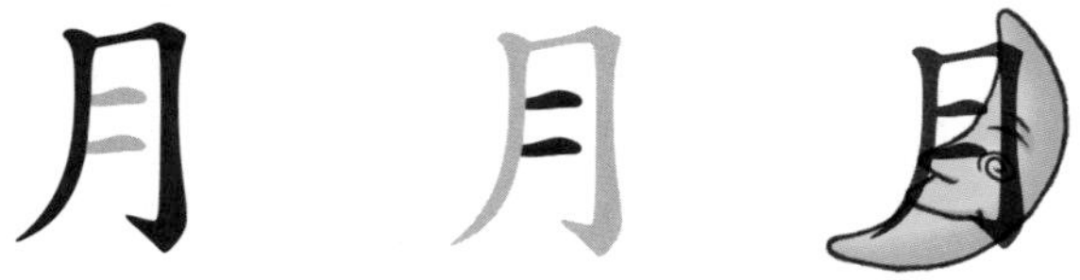

반달 속에 | 검은 무늬 | 달 월

한자 어휘 매월 每月 | 월급 月給 | 세월 歲月

따라 쓰기 月

한자어 선 잇기

④ 매月 •
⑤ 月급 •
⑥ 세月 •

• ㉠ 매달, 다달이
• ㉡ 다달이 일하여 받는 돈
• ㉢ 해와 달이 바뀌며 흐르는 시간

003

火

불 화

작은 불꽃 | 큰 불꽃 | 불 화

한자 어휘 화상 火傷 | 화재 火災 | 점화 點火

따라 쓰기 火

한자어 선 잇기

⑦ 火상 •
⑧ 火재 •
⑨ 점火 •

• ㉠ 불로 인한 재난
• ㉡ 불을 붙이거나 켬
• ㉢ 불에 데어서 피부가 상함

정답 ①-㉡ ②-㉠ ③-㉢/ ④-㉠ ⑤-㉡ ⑥-㉢/ ⑦-㉢ ⑧-㉠ ⑨-㉡

004

水

물 수

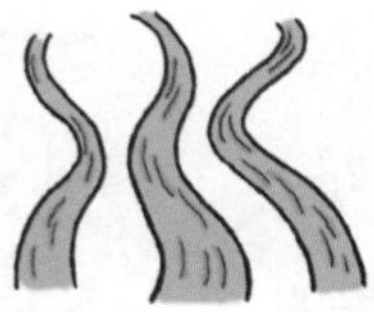

水 水 水 

강물이 | 왼쪽 굽이치고 | 오른쪽 굽이치는 | 물 수

한자 어휘 수도 水道 | 수영 水泳 | 수평 水平

따라 쓰기 水

한자어 선 잇기

① 水도 •
② 水영 •
③ 水평 •

• ㉠ 물이 지나는 길
• ㉡ 물의 표면처럼 평평한 상태
• ㉢ 물속을 헤엄치는 일

005

木

나무 목

木 木 

가지와 줄기 | 뿌리 | 나무 목

한자 어휘 목탑 木塔 | 묘목 苗木 | 식목 植木

따라 쓰기 木

한자어 선 잇기

④ 木탑 •
⑤ 묘木 •
⑥ 식木 •

• ㉠ 나무를 심음 또는 심은 나무
• ㉡ 나무로 만든 탑
• ㉢ 옮겨 심으려고 가꾼 어린나무

006

金

쇠 금

金 金 金 

산 아래 | 땅속 깊이 | 쇳덩이 | 쇠 금

한자 어휘 금고 金庫 | 금관 金冠 | 상금 賞金

따라 쓰기 金

한자어 선 잇기

⑦ 金고 •
⑧ 金관 •
⑨ 상金 •

• ㉠ 금으로 만든 머리에 쓰는 관
• ㉡ 상으로 주는 돈
• ㉢ 돈이나 귀중품을 보관하는 창고

정답 ①-㉠ ②-㉢ ③-㉡/ ④-㉡ ⑤-㉢ ⑥-㉠/ ⑦-㉢ ⑧-㉠ ⑨-㉡

007

土

흙 토

흙덩이가 | 높이 쌓인 모양 | 흙 토

한자 어휘 **토기** 土器 | **황토** 黃土 | **국토** 國土

따라 쓰기 土

한자어 선 잇기

① 土기 •
② 황土 •
③ 국土 •

• ㉠ 흙으로 만든 그릇
• ㉡ 한 나라의 땅
• ㉢ 누렇고 거무스름한 흙

저녁 달이 담장을 넘어
바깥을 비춰요.

008

外

바깥 외

저녁 달이 | 담장 넘어 비추는 | 바깥 외

한자 어휘 **외교** 外交 | **외출** 外出 | **해외** 海外

따라 쓰기 外

한자어 선 잇기

④ 外교 •
⑤ 外출 •
⑥ 해外 •

• ㉠ 밖으로 나감
• ㉡ 바다 밖 다른 나라를 이르는 말
• ㉢ 다른 나라와 관계를 맺는 일

손목 마디를 그려
짧은 거리를 나타내요.

009

寸

마디 촌

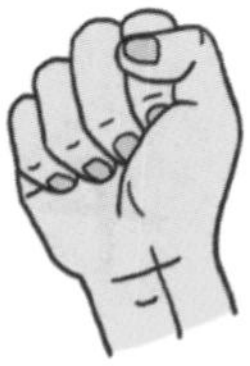

손바닥 | 손목 마디 | 마디 촌

한자 어휘 **촌각** 寸刻 | **촌수** 寸數 | **사촌** 四寸

따라 쓰기 寸

한자어 선 잇기

⑦ 寸각 •
⑧ 寸수 •
⑨ 사寸 •

• ㉠ 매우 짧은 시간
• ㉡ 부모의 형제자매의 아들이나 딸
• ㉢ 친족 사이의 가까운 정도를 나타내는 수

정답 ①-㉠ ②-㉢ ③-㉡/ ④-㉢ ⑤-㉠ ⑥-㉡/ ⑦-㉠ ⑧-㉢ ⑨-㉡/ ⑩-㉡ ⑪-㉢ ⑫-㉠

머리카락이 긴 어른이
앉아 있는 모양이에요.

010

長

긴 장

長 → 長 → 

長	長	長
긴 머리카락	허리 아래 책상다리를 하고 앉은	긴 장

한자 어휘 장발 長髮 | 장점 長點 | 교장 校長

'어른'이라는 뜻도 있어요.

따라 쓰기 長

한자어 선 잇기

⑩ 長발 • • ㉠ 학교의 대표 어른
⑪ 長점 • • ㉡ 길게 기른 머리털
⑫ 교長 • • ㉢ 좋거나 뛰어난 점

한자 복습 001~010 빈칸에 알맞은 한자, 훈(뜻)과 음(소리)을 채우세요.

	水		火	
훈 뜻 쇠 금 음 소리		긴 장		날 일

		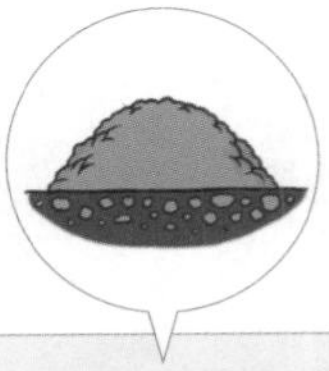		
		土		外
마디 촌	달 월		나무 목	

2일 차 8급 한자 익히기 011~020

011

一

한 일

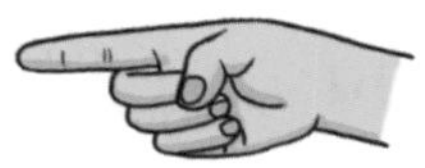

一

손가락 하나

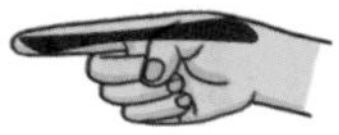

한 일

한자 어휘 일단 一旦 | 제일 第一 | 통일 統一

따라 쓰기 一

한자어 선 잇기

① 一단 •
② 제一 •
③ 통一 •

• ㉠ 나누어진 것들을 하나로 일치시키는 것
• ㉡ 한번, 우선 먼저
• ㉢ 여럿 가운데 첫째

012

二

두 이

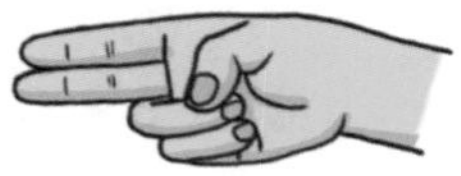

二

손가락 둘

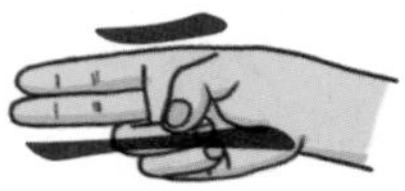

두 이

한자 어휘 이륜차 二輪車 | 이모작 二毛作 | 이층 二層

따라 쓰기 二

한자어 선 잇기

④ 二륜차 •
⑤ 二모작 •
⑥ 二층 •

• ㉠ 다른 종류의 농작물을 두 번 심어 거둠
• ㉡ 건물의 두 번째 층
• ㉢ 두 바퀴로 가는 차

013

三

석 삼

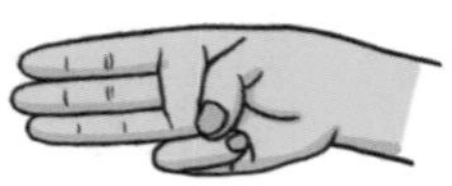

三

손가락 셋

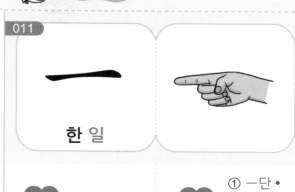

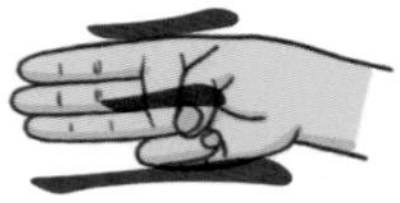

석 삼

한자 어휘 삼각주 三角洲 | 삼원색 三原色 | 삼총사 三銃士

따라 쓰기 三

한자어 선 잇기

⑦ 三각주 •
⑧ 三원색 •
⑨ 三총사 •

• ㉠ 흙모래가 쌓인 삼각형 모양의 땅
• ㉡ 친하게 지내는 세 사람
• ㉢ 바탕이 되는 세 가지 색

정답 ①-㉡ ②-㉢ ③-㉠/ ④-㉢ ⑤-㉠ ⑥-㉡/ ⑦-㉠ ⑧-㉢ ⑨-㉡

어제 배운 한자 읽기 日 月 火 水 木 金 土 外 寸 長

014

四

넉 사

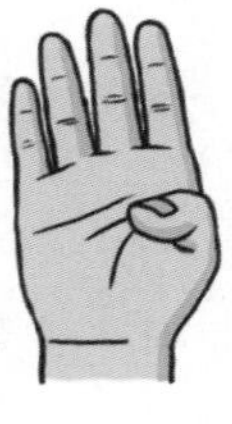

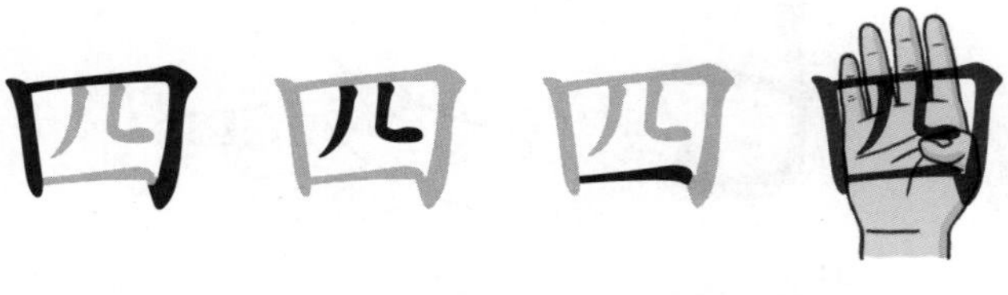

손가락 둘과 손가락 둘을 편 넉 사

한자 어휘 사각형 四角形 | 사계절 四季節 | 사방 四方

따라 쓰기 四

한자어 선 잇기

① 四각형 •
② 四계절 •
③ 四방 •

• ㉠ 네 개의 각을 갖는 도형
• ㉡ 동·서·남·북의 네 방향
• ㉢ 봄·여름·가을·겨울의 네 계절

015

五

다섯 오

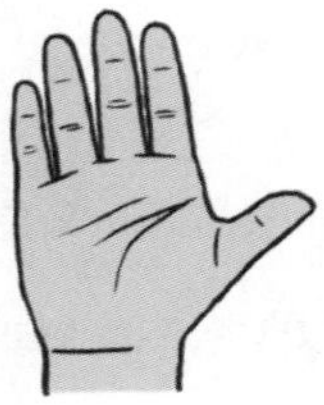

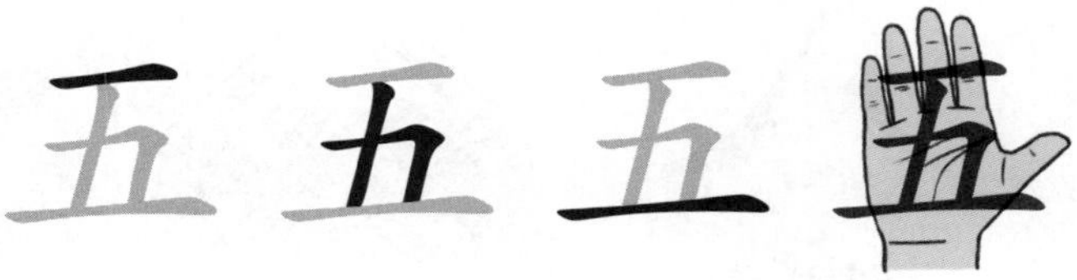

나란히 손가락 모두 편 다섯 오

한자 어휘 오감 五感 | 오곡 五穀 | 오대양 五大洋

따라 쓰기 五

한자어 선 잇기

④ 五감 •
⑤ 五곡 •
⑥ 五대양 •

• ㉠ 보고 듣고 맛보고 냄새 맡고 만지는 감각
• ㉡ 태평양·대서양·인도양·남빙양·북빙양
• ㉢ 다섯 가지 곡식, 쌀·보리·콩·조·기장

016

六

여섯 륙

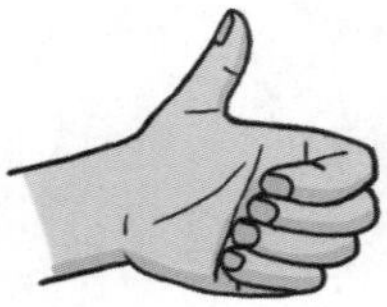

엄지 들고 오므린 손 여섯 륙

한자 어휘 육면체 六面體 | 육이오 六二五 | 사육신 死六臣

따라 쓰기 六

한자어 선 잇기

⑦ 六면체 •
⑧ 六이오 •
⑨ 사六신 •

• ㉠ 1950년 6월 25일 일어난 한국 전쟁
• ㉡ 조선 세조 때 죽임을 당한 여섯 충신
• ㉢ 여섯 면으로 이루어진 입체 도형

정답 ①-㉠ ②-㉢ ③-㉡/ ④-㉠ ⑤-㉢ ⑥-㉡/ ⑦-㉢ ⑧-㉠ ⑨-㉡

검지와 엄지 둘에
다섯을 더하여 일곱이에요.

017

七

일곱 칠

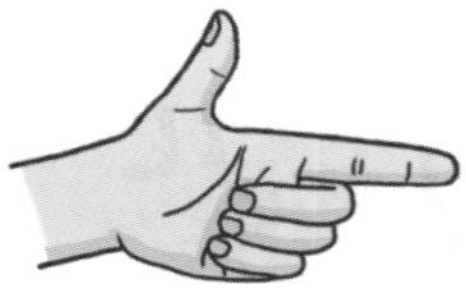

七 七

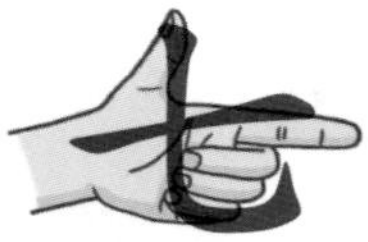

검지와 | 엄지를 편 | 일곱 칠

한자 어휘 칠교판 七巧板 | 칠석 七夕 | 북두칠성 北斗七星

따라 쓰기 七

한자어 선 잇기

① 七교판 •
② 七석 •
③ 북두七성 •

• ㉠ 국자 모양을 이루는 일곱 개의 별
• ㉡ 일곱 가지 조각으로 된 장난감
• ㉢ 견우직녀 만나는 음력 7월 7일 저녁

018

八

여덟 팔

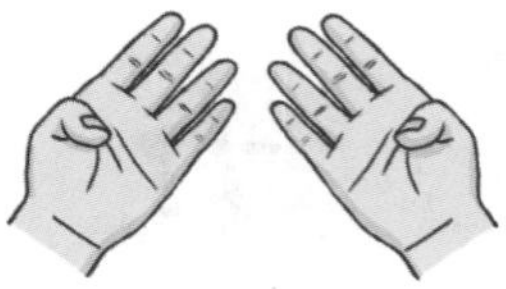

八 八

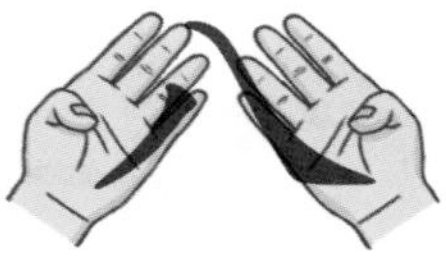

왼 손가락 넷 | 오른 손가락 넷 | 여덟 팔

한자 어휘 팔도 八道 | 팔등신 八等身 | 팔각정 八角亭

따라 쓰기 八

한자어 선 잇기

④ 八도 •
⑤ 八등신 •
⑥ 八각정 •

• ㉠ 키가 머리의 여덟 배인 몸
• ㉡ 지붕을 여덟모가 지도록 지은 정자
• ㉢ 조선 시대의 여덟 행정구역

019

九

아홉 구

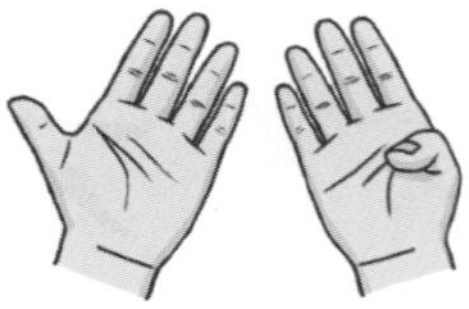

九 九

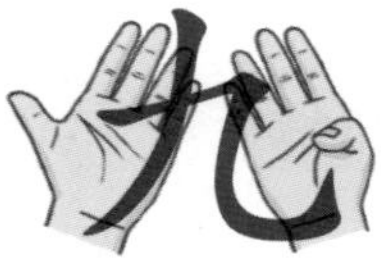

열 손가락에서 | 하나를 구부려 | 아홉 구

한자 어휘 구구단 九九段 | 구사일생 九死一生
십중팔구 十中八九

따라 쓰기 九

한자어 선 잇기

⑦ 九九단 •
⑧ 九사일생 •
⑨ 십중팔九 •

• ㉠ 아홉 번 죽을 뻔 하다 한 번 살아남
• ㉡ 1에서 9까지의 두 수를 곱한 곱셈표
• ㉢ 열에 여덟이나 아홉, 거의 대부분

정답 ①-㉡ ②-㉢ ③-㉠/ ④-㉢ ⑤-㉠ ⑥-㉡/ ⑦-㉡ ⑧-㉠ ⑨-㉢/ ⑩-㉡ ⑪-㉠ ⑫-㉢

020

十

열 십

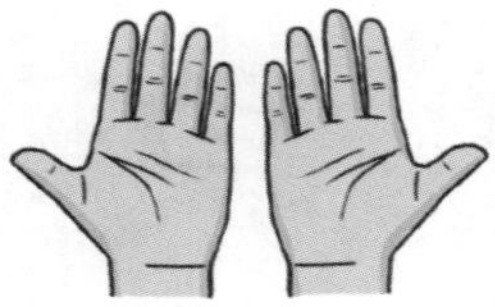

활짝 펼친 | 열 손가락 | 열 십

한자 어휘 십년감수 十年減壽 | 십대 十代 | 십자가 十字架

따라 쓰기 十

한자어 선 잇기

⑩ 十년감수 •
⑪ 十대 •
⑫ 十자가 •

• ㉠ 12·13세부터 19세까지에 해당하는 사람
• ㉡ 십 년이나 수명이 줄 정도로 매우 놀람
• ㉢ 기독교를 상징하는 열십자 모양 표식

한자 복습 011~020

빈칸에 알맞은 한자, 훈(뜻)과 음(소리)을 채우세요.

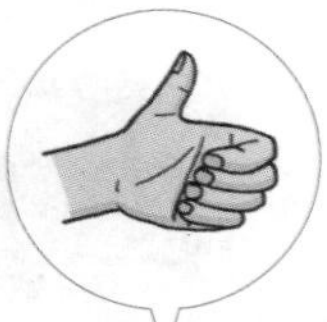
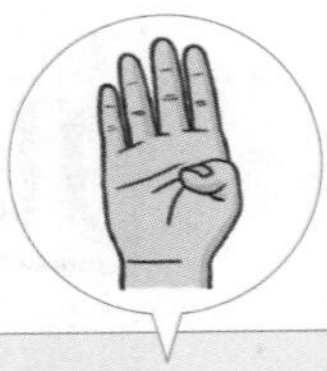
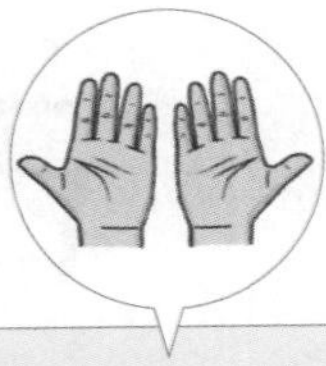
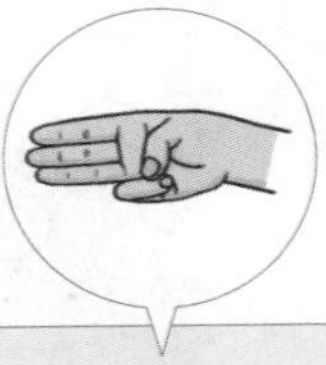
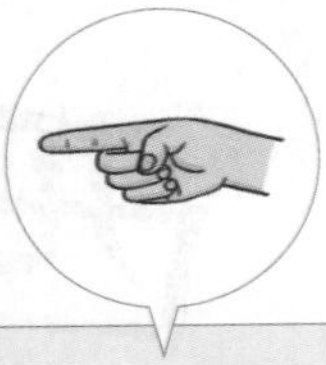

	四		三	
여섯 륙		열 십		한 일

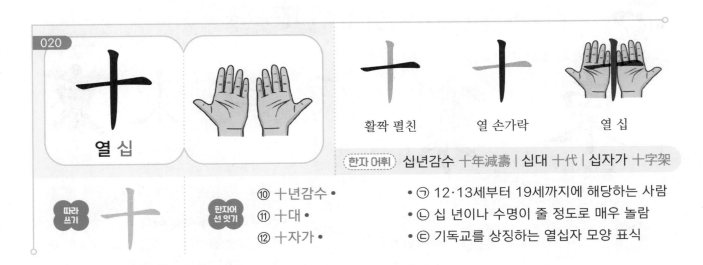

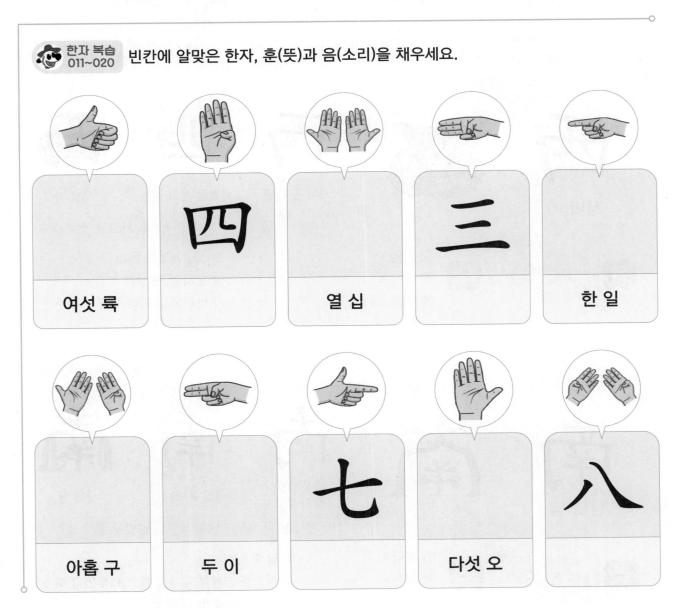

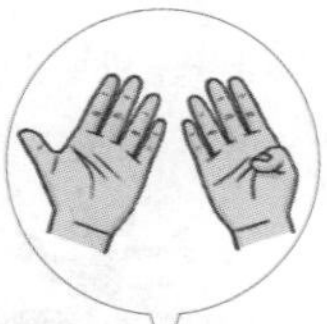
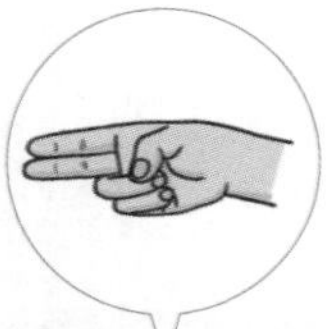

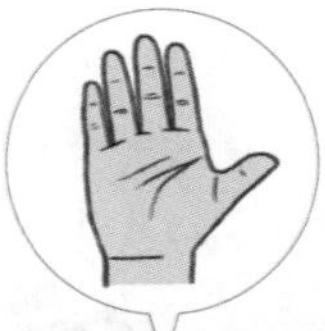
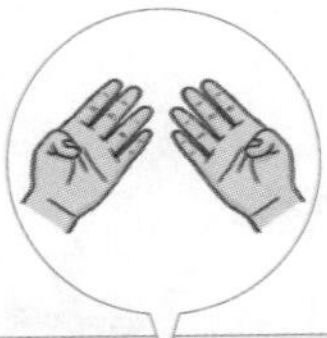

		七		八
아홉 구	두 이		다섯 오	

3일 차 8급 한자 익히기 021~030

동쪽에서 나무 사이로
해가 떠올라요.

021

東

동녘 동

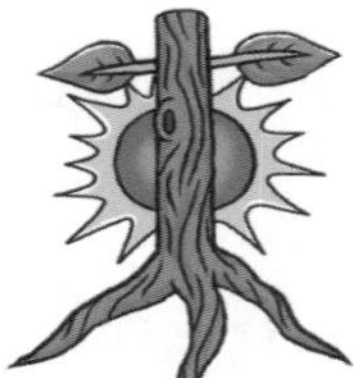

東 東 東 

나뭇가지 아래 | 해가 떠올라 | 줄기와 뿌리를 비추는 | 동녘 동

한자 어휘 동문서답 東問西答 | 동풍 東風 | 동해 東海

따라 쓰기 東

한자어 선 잇기

① 東문서답 •   • ㉠ 우리나라 동쪽의 바다
② 東풍 •   • ㉡ 동쪽을 물으나 서쪽을 답함, 엉뚱한 대답
③ 東해 •   • ㉢ 동쪽에서 불어오는 바람

서쪽으로 해가 지고 나면
새는 둥지에 앉아 쉬어요.

022

西

서녘 서

西 西 

새가 둥지에 | 다리를 접고 쉬는 | 서녘 서

한자 어휘 서양 西洋 | 서해 西海 | 동서고금 東西古今

따라 쓰기 西

한자어 선 잇기

④ 西양 •   • ㉠ 우리나라 서쪽의 바다
⑤ 西해 •   • ㉡ 동양과 서양, 옛날과 지금
⑥ 동西고금 •   • ㉢ 서쪽 바다의 유럽과 미국

햇볕을 받아 나무가
잘 자라나는 남쪽을 나타내요.

023

南

남녘 남

南 南 

나뭇가지 잘 자라고 | 새잎 돋아나는 | 남녘 남

한자 어휘 남극 南極 | 남향 南向 | 남반구 南半球

따라 쓰기 南

한자어 선 잇기

⑦ 南극 •   • ㉠ 남쪽 방향
⑧ 南향 •   • ㉡ 적도를 경계로 지구를 둘로 나누었을 때 남쪽
⑨ 南반구 •   • ㉢ 지구 자전축의 남쪽 끝

정답 ①-㉡ ②-㉢ ③-㉠/ ④-㉢ ⑤-㉠ ⑥-㉡/ ⑦-㉢ ⑧-㉠ ⑨-㉡

어제 배운 한자 읽기 一 二 三 四 五 六 七 八 九 十

024 北

北

북녘 북

北 北 北 北

몸 세워 앉고 팔 내밀고 앉은 북녘 북

한자 어휘 북풍 北風 | 북한 北韓 | 패배 敗北 ('달아날 배'라는 훈음도 있어요.)

따라 쓰기 北

한자어 선 잇기

① 北풍 •
② 北한 •
③ 패北 •

• ㉠ 대한민국의 휴전선 이북 지역
• ㉡ 북쪽에서 불어오는 바람
• ㉢ 싸움에 패하여 달아남

➜ 北(북녘 북)은 두 사람이 서로 등을 돌리고 앉은 모양이에요.
그래서 서로 등지듯 해를 등진 북쪽을 의미하게 되었어요.

025 小

小

작을 소

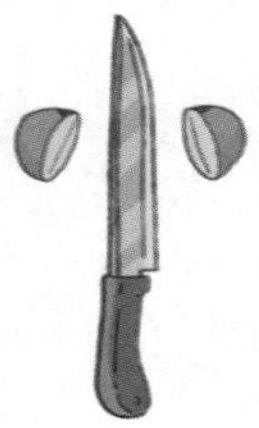

작은 콩을 칼로 나누니 더 작아져요.

小 小 小

칼로 콩을 나누니 작을 소

한자 어휘 소아과 小兒科 | 소인국 小人國 | 소행성 小行星

따라 쓰기 小

한자어 선 잇기

④ 小아과 •
⑤ 小인국 •
⑥ 小행성 •

• ㉠ 어린아이를 진료하는 의학 분과
• ㉡ 행성보다 작은 천체
• ㉢ 키 작은 사람만 산다는 상상의 나라

026 門

門

문 문

門 門 門

왼쪽 문 오른쪽 문 문 문

한자 어휘 교문 校門 | 수문 水門 | 창문 窓門

따라 쓰기 門

한자어 선 잇기

⑦ 교門 •
⑧ 수門 •
⑨ 창門 •

• ㉠ 바람과 빛이 들도록 벽에 만든 문
• ㉡ 저수지 또는 수로에 설치한 문
• ㉢ 학교의 정문

정답 ①-㉡ ②-㉠ ③-㉢/ ④-㉠ ⑤-㉢ ⑥-㉡/ ⑦-㉢ ⑧-㉡ ⑨-㉠

'메'는 산의 옛말이에요.

027

山

메 산

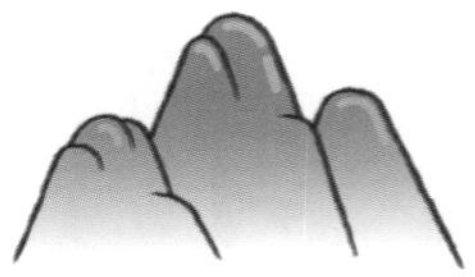

山 山 

가운데 봉우리와 양쪽 봉우리가 있는 메 산

한자 어휘 산맥 山脈 | 산수화 山水畫 | 산해진미 山海珍味

따라 쓰기 山

한자어 선 잇기

① 山맥 •
② 山수화 •
③ 山해진미 •

• ㉠ 산이나 강 등 자연을 그린 그림
• ㉡ 산과 바다의 진귀하고 맛있는 음식
• ㉢ 산들이 계속 이어져 뻗은 줄기

028

中

가운데 중

中 中 

성 한가운데에 깃발을 꽂은 가운데 중

한자 어휘 중단 中斷 | 적중 的中 | 공중 空中

따라 쓰기 中

한자어 선 잇기

④ 中단 •
⑤ 적中 •
⑥ 공中 •

• ㉠ 계속하는 도중에 끊음
• ㉡ 과녁 가운데에 들어맞음
• ㉢ 하늘과 땅 사이의 비어있는 한가운데

풀이 우물물에 우러나 물이 푸르게 보여요.

029

青

푸를 청

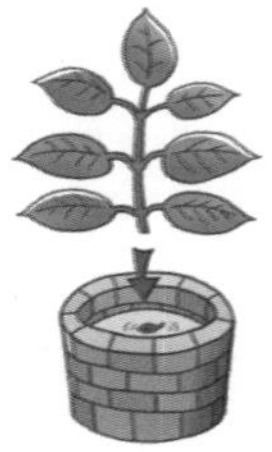

青 青 青 

푸른 잎이 달린 줄기가 우물에 빠진 푸를 청

한자 어휘 청동 青銅 | 청소년 青少年 | 청자 青瓷

따라 쓰기 青

한자어 선 잇기

⑦ 青동 •
⑧ 青소년 •
⑨ 青자 •

• ㉠ 푸른 빛깔의 자기
• ㉡ 푸른 봄 같은 스무살 안팎의 젊은 나이
• ㉢ 푸른 빛의 구리와 주석의 합금

정답 ①-㉢ ②-㉠ ③-㉡/ ④-㉠ ⑤-㉡ ⑥-㉢/ ⑦-㉢ ⑧-㉡ ⑨-㉠/ ⑩-㉢ ⑪-㉠ ⑫-㉡

030

白

흰 백

白	白	白
흰 빛이	해에서 나오는	흰 백

(한자 어휘) 백마 白馬 | 백설 白雪 | 백지 白紙

따라 쓰기 白

한자어 선 잇기

⑩ 白마 •   • ㉠ 흰 눈

⑪ 白설 •   • ㉡ 흰 종이

⑫ 白지 •   • ㉢ 흰 말

한자 복습 021~030 빈칸에 알맞은 한자, 훈(뜻)과 음(소리)을 채우세요.

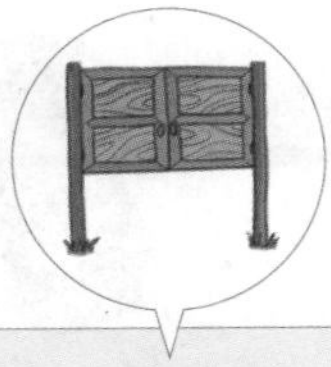

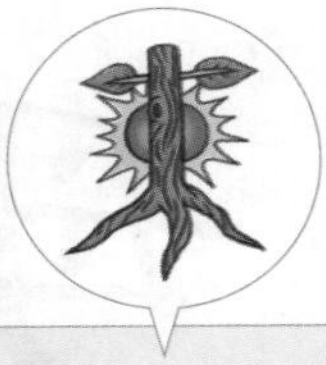

	北		南	
문 문		흰 백		동녘 동

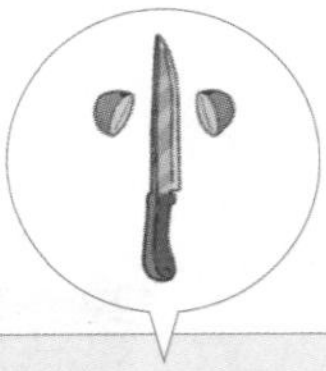

		山		中
푸를 청	서녘 서		작을 소	

8급 한자 익히기 031~040

父(아비 부)는 돌도끼를 들고 먹을 것을 구하는 아버지를 나타내요.

031

父

아비 부

돌도끼를
손에 쥔
아비 부

한자 어휘 부모 父母 | 부녀 父女 | 부전자전 父傳子傳

따라 쓰기 父

한자어 선 잇기

① 父모 •
② 父녀 •
③ 父전자전 •

• ㉠ 아버지의 성격이나 습관이 아들에게 대물림 됨
• ㉡ 아버지와 어머니
• ㉢ 아버지와 딸

032

母

어미 모

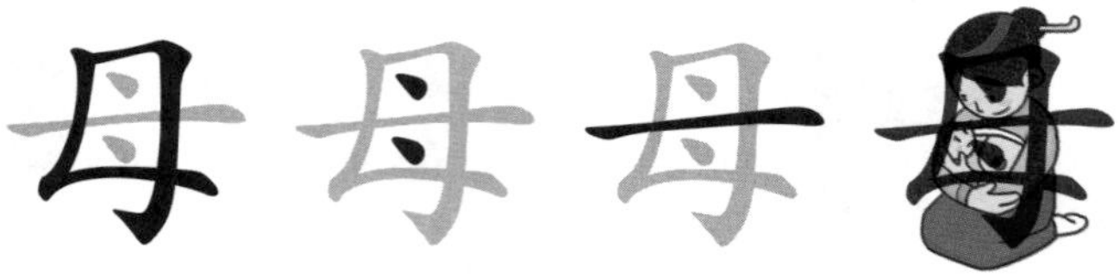
양팔을 모으고
젖을 먹이며
앉아 있는
어미 모

한자 어휘 모유 母乳 | 계모 繼母 | 분모 分母

따라 쓰기 母

한자어 선 잇기

④ 母유 •
⑤ 계母 •
⑥ 분母 •

• ㉠ 아버지가 재혼하면서 이어진 어머니
• ㉡ 분수의 가로줄 아래 수
• ㉢ 어머니의 젖

제사 지낼 때 입을 크게 벌려 하늘에 고하는 큰 형을 말해요.

033

兄

형 형

입 벌리고
앉은
형 형

한자 어휘 형부 兄夫 | 형제 兄弟 | 호형호제 呼兄呼弟

따라 쓰기 兄

한자어 선 잇기

⑦ 兄부 •
⑧ 兄제 •
⑨ 호兄호제 •

• ㉠ 언니의 남편
• ㉡ 형과 아우로 부르며 가까이 지냄
• ㉢ 형과 아우

정답 ①-㉡ ②-㉢ ③-㉠/ ④-㉢ ⑤-㉠ ⑥-㉡/ ⑦-㉠ ⑧-㉢ ⑨-㉡

034

弟
아우 제

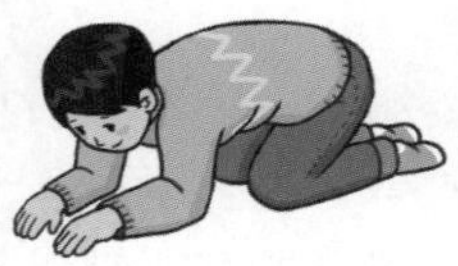

두 손 모아 | 몸 구부려 절하고 | 일어나는 | 아우 제

한자 어휘 제자 弟子 | 의형제 義兄弟 | 사제 師弟 ('제자'라는 뜻도 있어요.)

따라 쓰기 弟

한자어 선 잇기
① 弟자 •
② 의형弟 •
③ 사弟 •

• ㉠ 스승의 가르침을 받는 나이 어린 사람
• ㉡ 의리로 맺은 형과 아우
• ㉢ 스승과 제자

앞으로 내미는 발과 자리에 앉은 사람을 그렸어요.

035

先
먼저 선

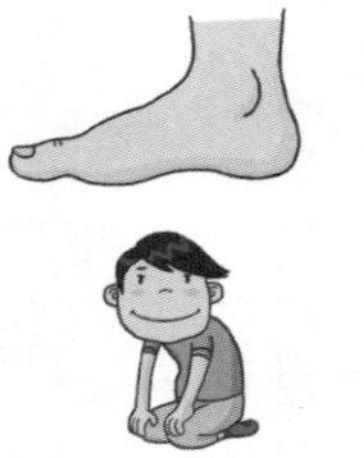

앞으로 발을 내밀어 | 앉은 사람보다 먼저 가는 | 먼저 선

한자 어휘 선약 先約 | 선두 先頭 | 선불 先拂

따라 쓰기 先

한자어 선 잇기
④ 先약 •
⑤ 先두 •
⑥ 先불 •

• ㉠ 미리 먼저 돈을 지불함
• ㉡ 먼저 약속함
• ㉢ 맨 앞머리

036

生
날 생

새싹이 | 흙에서 나오는 | 날 생

한자 어휘 생명 生命 | 생산 生産 | 발생 發生

따라 쓰기 生

한자어 선 잇기
⑦ 生명 •
⑧ 生산 •
⑨ 발生 •

• ㉠ 살아있는 목숨
• ㉡ 일이나 사물이 생겨남
• ㉢ 무언가를 만들어 냄

정답 ①-㉠ ②-㉡ ③-㉢/ ④-㉡ ⑤-㉢ ⑥-㉠/ ⑦-㉠ ⑧-㉢ ⑨-㉡

037

學

배울 학

學 學 

두 손에 막대를 들고 | 책상에서 아이가 셈을 배우는 | 배울 학

한자 어휘 학교 學校 | 학습 學習 | 방학 放學

따라 쓰기 學

한자어 선 잇기

① 學교 •
② 學습 •
③ 방學 •

• ㉠ 지식이나 기술을 배우고 익힘
• ㉡ 학생을 가르치는 공공 교육 기관
• ㉢ 학교에서 학기가 끝난 뒤 쉬는 기간

나무 옆에 사람이 다리를 엇걸고 서 있는 모습이에요.

038

校

학교 교

校 校 

나무로 지은 곳에서 | 친구를 사귀는 | 학교 교

한자 어휘 교감 校監 | 교문 校門 | 등교 登校

따라 쓰기 校

한자어 선 잇기

④ 校감 •
⑤ 校문 •
⑥ 등校 •

• ㉠ 학교의 정문
• ㉡ 학생이 학교에 감
• ㉢ 학교 일을 관리 감독하는 직책

039

敎

가르칠 교

敎 敎 

막대로 아들이 셈할 때 | 회초리를 들고 가르치는 | 가르칠 교

한자 어휘 교사 敎師 | 교육 敎育 | 교실 敎室

따라 쓰기 敎

한자어 선 잇기

⑦ 敎사 •
⑧ 敎육 •
⑨ 敎실 •

• ㉠ 학생을 가르치는 스승
• ㉡ 학교에서 학습 활동이 이루어지는 방
• ㉢ 지식과 기술을 가르치고 인격을 길러 줌

정답 ①-㉡ ②-㉠ ③-㉢/ ④-㉢ ⑤-㉠ ⑥-㉡/ ⑦-㉠ ⑧-㉢ ⑨-㉡/ ⑩-㉠ ⑪-㉢ ⑫-㉡

040

室

집 실

室 室

굴뚝이 있는 지붕 아래 | 창문이 있고 흙으로 지은 | 집 실

(한자 어휘) 침실 寢室 | 거실 居室 | 실내 室內

따라 쓰기 室

한자어 선 잇기

⑩ 침室 •
⑪ 거室 •
⑫ 室내 •

• ㉠ 집에서 잠을 자는 방
• ㉡ 집이나 방의 안쪽
• ㉢ 가족이 모두 모이는 집의 넓은 공간

한자 복습 031~040

빈칸에 알맞은 한자, 훈(뜻)과 음(소리)을 채우세요.

날 생

弟

가르칠 교

兄

아비 부

집 실

어미 모

學

先

학교 교

5일 차 8급 한자 익히기 041~050

041

大

큰 대

大 大 

팔을 크게 벌린 / 사람 / 큰 대

한자 어휘 대포 大砲 | 대회 大會 | 위대 偉大

따라 쓰기 大

한자어 선 잇기

① 大포 •
② 大회 •
③ 위大 •

• ㉠ 이룬 업적이 훌륭하고 큼
• ㉡ 큰 포탄을 쏘아 멀리 보내는 무기
• ㉢ 기술이나 재주를 겨루는 큰 모임

'나라 한'이라는 훈음도 있어요.

042

韓

한국 한

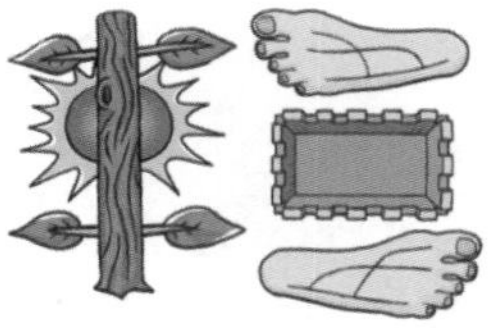

韓 韓 韓 

나무 사이로 / 해가 떠오르는 이른 아침 / 성 둘레를 도는 / 한국 한

한자 어휘 한복 韓服 | 한식 韓食 | 한옥 韓屋

따라 쓰기 韓

한자어 선 잇기

④ 韓복 •
⑤ 韓식 •
⑥ 韓옥 •

• ㉠ 한국 고유의 음식이나 식사
• ㉡ 한국 고유의 전통 가옥
• ㉢ 한국 사람이 입는 고유한 옷

여러 사람이 무리 지어 땅에 뿌리를 내린 모양이에요.

043

民

백성 민

民 民 民 

무리 지어 / 밑으로 옆으로 / 갈라져 뿌리 내린 / 백성 민

한자 어휘 민속 民俗 | 민요 民謠 | 시민 市民

따라 쓰기 民

한자어 선 잇기

⑦ 民속 •
⑧ 民요 •
⑨ 시民 •

• ㉠ 시에 살고 있는 사람
• ㉡ 백성들 사이에 전해오는 풍속
• ㉢ 옛 백성들이 부르던 노래

정답 ①-㉡ ②-㉢ ③-㉠/ ④-㉢ ⑤-㉠ ⑥-㉡/ ⑦-㉡ ⑧-㉢ ⑨-㉠

어제 배운 한자 읽기 父 母 兄 弟 先 生 學 校 教 室

044

國

나라 국

성을 쌓고 창을 들고 | 마을과 땅을 | 지키는 | 나라 국

한자 어휘 전국 全國 | 국기 國旗 | 조국 祖國

따라 쓰기 國

한자어 선 잇기

① 전國 •
② 國기 •
③ 조國 •

• ㉠ 온 나라 전체
• ㉡ 조상 대대로 살아온 자기 나라
• ㉢ 한 나라를 상징하고 대표하는 깃발

045

軍

군사 군

군사들이 수레에 무기를 싣고 전쟁터로 나가요.

빙 둘러 | 수레를 끄는 | 군사 군

한자 어휘 군대 軍隊 | 군사 軍士 | 해군 海軍

따라 쓰기 軍

한자어 선 잇기

④ 軍대 •
⑤ 軍사 •
⑥ 해軍 •

• ㉠ 군대에 소속되어 나라를 지키는 사람
• ㉡ 바다에서 전투 임무를 수행하는 군대
• ㉢ 군인이 모여 조직된 부대

046

人

사람 인

몸을 세워 | 다리를 벌린 | 사람 인

한자 어휘 인권 人權 | 인물 人物 | 주인 主人

따라 쓰기 人

한자어 선 잇기

⑦ 人권 •
⑧ 人물 •
⑨ 주人 •

• ㉠ 인간으로서 당연히 갖는 기본적 권리
• ㉡ 어떤 것을 소유하고 있는 사람
• ㉢ 사람의 생김새나 됨됨이

정답 ①-㉠ ②-㉢ ③-㉡/ ④-㉢ ⑤-㉠ ⑥-㉡/ ⑦-㉠ ⑧-㉢ ⑨-㉡

여름이면 나무늘보 털에
이끼가 많이 자란대요.

047

萬

일만 만

萬 萬 

풀 같은 이끼가 | 나무늘보 털에 많이 자라는 | 일만 만

한자 어휘 만세 萬歲 | 만물 萬物 | 만유인력 萬有引力

'온갖, 모든'이라는 뜻도 있어요.

따라 쓰기 萬

한자어 선 잇기

① 萬세 •
② 萬물 •
③ 萬유인력 •

• ㉠ 질량이 있는 모든 것이 서로 당기는 힘
• ㉡ 세상에 있는 온갖 물건
• ㉢ 만년의 세월 동안 영원하라는 외침

농부가 가을에 볏단을 쌓으며
한 해 농사를 마무리해요.

048

年

해 년

年 年 

고개를 숙이고 | 볏단을 쌓는 | 해 년

한자 어휘 연세 年歲 | 연표 年表 | 광년 光年

따라 쓰기 年

한자어 선 잇기

④ 年세 •
⑤ 年표 •
⑥ 광年 •

• ㉠ 연대순으로 사건을 적어 놓은 표
• ㉡ 빛이 1년 동안 나아가는 거리
• ㉢ 해가 지나고 세월이 감, 나이의 높임말

049

女

여자 녀

女 女 

오른팔과 왼팔 | 다소곳이 모은 | 여자 녀

한자 어휘 여군 女軍 | 여왕 女王 | 선녀 仙女

따라 쓰기 女

한자어 선 잇기

⑦ 女군 •
⑧ 女왕 •
⑨ 선女 •

• ㉠ 신선 세계에 산다는 여자 신선
• ㉡ 여자 임금
• ㉢ 여자 군인으로 조직된 군대

정답 ①-㉢ ②-㉡ ③-㉠/ ④-㉢ ⑤-㉠ ⑥-㉡/ ⑦-㉢ ⑧-㉡ ⑨-㉠/ ⑩-㉡ ⑪-㉢ ⑫-㉠

050

王

임금 왕

임금님의 크고 화려한
도끼 모양이에요.

손잡이 자루 | 도끼날 | 임금 왕

한자 어휘 왕관 王冠 | 왕국 王國 | 왕권 王權

따라 쓰기 王

한자어 선 잇기

⑩ 王관 •　　　　• ㉠ 왕이 지닌 권력
⑪ 王국 •　　　　• ㉡ 왕의 머리에 쓰는 관
⑫ 王권 •　　　　• ㉢ 왕이 다스리는 나라

한자 복습 041~050 빈칸에 알맞은 한자, 훈(뜻)과 음(소리)을 채우세요.

	國		民	
사람 인		여자 녀		큰 대

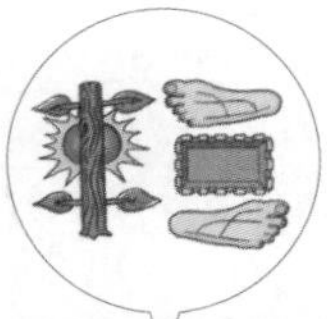

		萬		年
임금 왕	한국 한		군사 군	

6일 차 8급 한자 복습하기 001~050

선 잇기 한자를 보고 해당하는 한자 풀이말을 찾아 선으로 이으세요.

1	金	나뭇가지가 잘 자라고 새잎 돋아나는 **남녘** 남
2	韓	저녁 달이 담장 넘어 비추는 **바깥** 외
3	學	산 아래 땅 속 깊이 쇳덩이를 캐는 **쇠** 금
4	南	나무 사이로 해가 떠오르는 이른 아침 성 둘레를 도는 **한국** 한
5	外	푸른 잎이 달린 줄기가 우물에 빠진 **푸를** 청
6	青	두 손에 막대 들고 책상에서 아이가 셈을 배우는 **배울** 학

한자 찾기 훈음을 보고 해당하는 한자를 찾아 ○하세요.

1	북녘 북	西	南	北
2	아홉 구	九	七	十
3	다섯 오	五	六	七
4	가르칠 교	校	教	室
5	해 년	年	女	王
6	군사 군	國	軍	人
7	흰 백	中	青	白
8	날 일	日	月	四
9	마디 촌	小	寸	門
10	형 형	兄	弟	父

훈음쓰기 한자의 훈음을 쓰세요.

1 母 (어미 모)

2 先 ( )

3 月 ( )

4 八 ( )

5 室 ( )

6 六 ( )

7 東 ( )

8 校 ( )

9 長 ( )

10 西 ( )

한자읽기 문장을 읽고, 밑줄 친 한자 어휘는 한글로 쓰세요.

1 파브르는 곤충의 生활을 꼼꼼히 기록하였습니다. 생 활

2 대한독립 萬세 소리가 울려 퍼졌습니다.

3 놀이공원에서 회전木마를 탔습니다.

4 한라산의 백록담은 火山 분출로 만들어졌습니다.

5 스승의 가르침을 따르는 것이 弟자의 당연한 도리입니다.

6 모든 國民은 교육을 받을 권리가 있습니다.

7급 신출 한자 미리보기

일차										
7 일차	入	內	天	夫	立	文	花	便	邑	色
	들 입	안 내	하늘 천	지아비 부	설 립	글월 문	꽃 화	편할 편	고을 읍	빛 색
8 일차	子	字	老	孝	安	姓	每	海	祖	漢
	아들 자	글자 자	늙을 로	효도 효	편안 안	성 성	매양 매	바다 해	할아비 조	한수 한
9 일차	口	問	命	歌	同	洞	活	話	語	記
	입 구	물을 문	목숨 명	노래 가	한가지 동	골 동	살 활	말씀 화	말씀 어	기록할 기
10 일차	直	植	自	面	道	前	有	育	心	食
	곧을 직	심을 식	스스로 자	낯 면	길 도	앞 전	있을 유	기를 육	마음 심	먹을 식
11 일차	左	右	手	事	正	足	登	後	夏	冬
	왼 좌	오른 우	손 수	일 사	바를 정	발 족	오를 등	뒤 후	여름 하	겨울 동

일차										
13 일차	夕	名	上	下	地	電	川	世	百	千
	저녁 석	이름 명	윗 상	아래 하	땅 지	번개 전	내 천	인간 세	일백 백	일천 천
14 일차	時	間	草	場	春	農	午	物	家	然
	때 시	사이 간	풀 초	마당 장	봄 춘	농사 농	낮 오	물건 물	집 가	그럴 연
15 일차	休	村	林	來	秋	氣	不	平	出	少
	쉴 휴	마을 촌	수풀 림	올 래	가을 추	기운 기	아닐 불	평평할 평	날 출	적을 소
16 일차	工	空	江	所	力	男	方	旗	車	紙
	장인 공	빌 공	강 강	바 소	힘 력	사내 남	모 방	기 기	수레 차	종이 지
17 일차	主	住	市	里	重	動	全	答	算	數
	주인 주	살 주	저자 시	마을 리	무거울 중	움직일 동	온전 전	대답 답	셈 산	셈 수

둘째 마당

초등 한자의 기본기,

7급 한자 100자

둘째 마당에서는 7급 신출 한자 100자를 배웁니다. 7급 한자는 연관있는 한자를 이어서 외우도록 배치했습니다. 예를 들어 子(아들 자)를 익힌 후, 字(글자 자)를 공부하니 쉽게 외울 수 있어요. 이번 마당을 통해 초등 한자의 기본기인 7급 한자를 익혀 보세요!

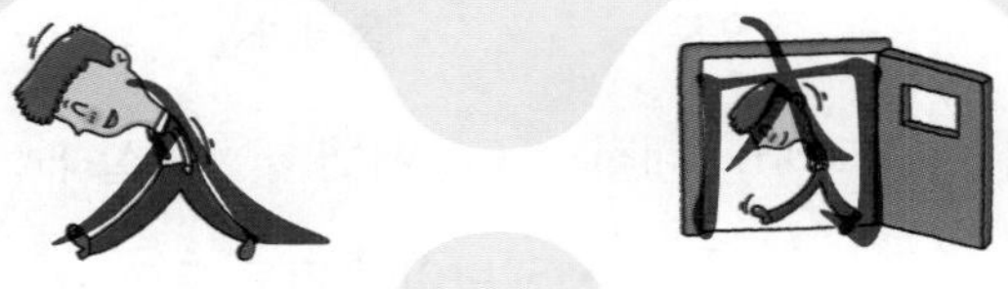

들 입 안 내

아들 자 글자 자

한가지 동 골 동

저녁 석 이름 명

人(사람 인), 八(여덟 팔)과 모양이 비슷하니 주의해요.

051

入

들 입

다리 내밀고 / 고개 숙여 들어가는 / 들 입

한자 어휘 입장 入場 | 입학 入學 | 출입 出入

따라 쓰기 入

한자어 선 잇기

① 入장 •
② 入학 •
③ 출入 •

• ㉠ 학교에 들어가 학생이 됨
• ㉡ 나오고 들어감
• ㉢ 일정한 장소로 들어감

052

內

안 내

문으로 / 들어가는 / 안 내

한자 어휘 내각 內角 | 시내 市內 | 실내 室內

따라 쓰기 內

한자어 선 잇기

④ 內각 •
⑤ 시內 •
⑥ 실內 •

• ㉠ 방이나 건물 등의 안
• ㉡ 다각형의 안쪽에 있는 각
• ㉢ 도시의 안

053

天

하늘 천

하늘 아래 / 팔 벌린 사람 / 하늘 천

한자 어휘 천국 天國 | 천연 天然 | 천하 天下

따라 쓰기 天

한자어 선 잇기

⑦ 天국 •
⑧ 天연 •
⑨ 天하 •

• ㉠ 하늘이 내려준 자연 그대로 상태
• ㉡ 하늘 아래 온 세상
• ㉢ 하늘에 있다는 이상적인 나라

정답 ①-㉢ ②-㉠ ③-㉡/ ④-㉡ ⑤-㉢ ⑥-㉠/ ⑦-㉢ ⑧-㉠ ⑨-㉡

'지아비'는 아내가 남 앞에서 남편을 부를 때 쓰는 옛말이에요.

054

夫

지아비 부

夫 夫 

상투를 튼 | 팔 벌린 사람 | 지아비 부

한자 어휘 부부 夫婦 | 농부 農夫 | 망부석 望夫石

따라 쓰기 夫

한자어 선 잇기

① 夫부 • ⓐ • ㉠ 남편과 아내

② 농夫 • • ㉡ 농사짓는 사람

③ 망夫석 • • ㉢ 남편이 떠난 쪽을 바라보다 죽어 된 돌

055

立

설 립

立 立 立 

머리, 팔 | 두 다리로 | 땅을 딛고 선 | 설 립

한자 어휘 건립 建立 | 직립 直立 | 독립 獨立

따라 쓰기 立

한자어 선 잇기

④ 건立 • • ㉠ 곧게 바로 섬

⑤ 직立 • • ㉡ 남에게 기대지 않고 홀로 섬

⑥ 독立 • • ㉢ 절, 탑, 동상 등을 세움

056

文

글월 문

文 文 文 

머리, 팔을 들고 | 삐치고 그어 | 글을 쓰는 | 글월 문

한자 어휘 문단 文段 | 문법 文法 | 문학 文學

따라 쓰기 文

한자어 선 잇기

⑦ 文단 • • ㉠ 글로 나타낸 예술 작품

⑧ 文법 • • ㉡ 글의 단락

⑨ 文학 • • ㉢ 글을 쓰는 일정한 규칙

정답 ①-㉠ ②-㉡ ③-㉢/ ④-㉢ ⑤-㉠ ⑥-㉡/ ⑦-㉡ ⑧-㉢ ⑨-㉠

057 花 꽃 화

花 花 

풀의 싹이 자라 | 꽃이 피는 | 꽃 화

한자 어휘 화단 花壇 | 화초 花草 | 개화 開花

따라 쓰기 花

한자어 선 잇기

① 花단 •
② 花초 •
③ 개花 •

• ㉠ 꽃을 심으려고 흙을 쌓아 꾸민 꽃밭
• ㉡ 풀이나 나무의 꽃이 핌
• ㉢ 꽃이 피는 풀과 나무

058 便 편할 편

便 便 

사람이 | 고장이 난 물건을 고쳐 | 편할 편

한자 어휘 편리 便利 | 편지 便紙 | 변기 便器

'똥오줌 변'이라는 훈음도 있어요.

따라 쓰기 便

한자어 선 잇기

④ 便리 •
⑤ 便지 •
⑥ 便기 •

• ㉠ 편안한지 소식을 적어 보낸 글
• ㉡ 대소변을 받아 내는 그릇
• ㉢ 편하고 이용하기 쉬움

읍(邑)은 정선읍(邑)과 같이 작은 행정구역을 말해요.

059 邑 고을 읍

邑 邑 邑 

입 벌리고 | 몸 웅크리고 | 함께 모여 사는 | 고을 읍

한자 어휘 읍내 邑內 | 도읍 都邑 | 소읍 小邑

따라 쓰기 邑

한자어 선 잇기

⑦ 邑내 •
⑧ 도邑 •
⑨ 소邑 •

• ㉠ 옛 한 나라의 수도, 지금의 서울
• ㉡ 읍의 구역 안쪽
• ㉢ 작은 고을

정답 ①-㉠ ②-㉢ ③-㉡/ ④-㉢ ⑤-㉠ ⑥-㉡/ ⑦-㉡ ⑧-㉠ ⑨-㉢/ ⑩-㉡ ⑪-㉢ ⑫-㉠

060

色

빛 색

色 色 色

色	色	色	色
몸 구부린 수컷과	몸 웅크린 암컷이	서로 좋아 빛나는	빛 색

한자 어휘 색감 色感 | 색상 色相 | 난색 難色

따라 쓰기 色

한자어 선 잇기

⑩ 색감 •

⑪ 색상 •

⑫ 난色 •

• ㉠ 싫어하거나 어려워하는 얼굴빛

• ㉡ 빛깔에서 받는 느낌, 색에 대한 감각

• ㉢ 빨강, 노랑처럼 색이 갖는 고유의 특성

한자 복습 051~060 **빈칸에 알맞은 한자, 훈(뜻)과 음(소리)을 채우세요.**

	夫		天	
글월 문		설 립		들 입

		花		便
고을 읍	안 내		빛 색	

8일 차 7급 한자 익히기 061~070

061

子

아들 자

子 子 

큰 머리, 몸통 | 팔 벌린 | 아들 자

한자 어휘 자손 子孫 | 모자 母子 | 효자 孝子

따라 쓰기 子

한자어 선 잇기

① 子손 •　　• ㉠ 어머니와 아들

② 모子 •　　• ㉡ 부모를 잘 섬기는 자녀

③ 효子 •　　• ㉢ 자식과 손자

062

字

글자 자

字 字 

집에서 | 자녀가 배우는 | 글자 자

한자 어휘 자전 字典 | 문자 文字 | 점자 點字

따라 쓰기 字

한자어 선 잇기

④ 字전 •　　• ㉠ 점으로 구성한 시각장애인용 문자

⑤ 문字 •　　• ㉡ 한자를 모아 뜻과 음을 풀이한 책

⑥ 점字 •　　• ㉢ 언어를 기록하는 시각적인 글자

063

老

늙을 로

匕를 쓸 때는 ノ을 먼저 써요.

老 老 老 

팔 들고 | 지팡이 짚고 | 앉아 쉬는 늙은 사람 | 늙을 로

한자 어휘 노모 老母 | 경로 敬老 | 불로초 不老草

따라 쓰기 老

한자어 선 잇기

⑦ 老모 •　　• ㉠ 늙으신 어머니

⑧ 경老 •　　• ㉡ 먹으면 늙지 않는다고 하는 풀

⑨ 불老초 •　　• ㉢ 노인을 공경함

정답 ①-㉢ ②-㉠ ③-㉡/ ④-㉡ ⑤-㉢ ⑥-㉠/ ⑦-㉠ ⑧-㉢ ⑨-㉡

어제 배운 한자 읽기 入內天夫立文花便邑色

064

孝

효도 효

孝 孝 

늙은 아비를 / 아들이 업고 모시는 / 효도 효

한자 어휘 효심 孝心 | 효도 孝道 | 충효 忠孝

따라 쓰기 孝

한자어 선 잇기

① 孝심 •
② 孝도 •
③ 충孝 •

• ㉠ 부모를 섬기는 마음
• ㉡ 충성과 효도
• ㉢ 부모를 섬기는 도리

065

安

편안 안

安 安 安 

집 안에 / 여자가 / 편히 있으니 / 편안 안

한자 어휘 안심 安心 | 안전 安全 | 불안 不安

따라 쓰기 安

한자어 선 잇기

④ 安심 •
⑤ 安전 •
⑥ 불安 •

• ㉠ 위험이나 사고 없이 모두 편안함
• ㉡ 마음이 편안함
• ㉢ 마음이 편하지 않음

성은 '강', '김', '박' 등의 성씨를 가리켜요.

066

姓

성 성

姓 姓 姓 

여자가 / 아이를 낳아 / 대를 이은 / 성 성

한자 어휘 성명 姓名 | 성씨 姓氏 | 백성 百姓

따라 쓰기 姓

한자어 선 잇기

⑦ 姓명 •
⑧ 姓씨 •
⑨ 백姓 •

• ㉠ 여러 성씨의 일반 국민
• ㉡ 성과 이름
• ㉢ 성(姓)의 높임말

정답 ①-㉠ ②-㉢ ③-㉡/ ④-㉡ ⑤-㉠ ⑥-㉢/ ⑦-㉡ ⑧-㉢ ⑨-㉠

'매양'은 '매 때마다'라는 뜻이에요.

067

每

매양 매

每 每 

고개 숙이고 | 어미가 때마다 젖을 먹이는 | 매양 매

한자 어휘 매번 每番 | 매사 每事 | 매일 每日

따라 쓰기 每

한자어 선 잇기

① 每번 •
② 每사 •
③ 每일 •

• ㉠ 일이 있을 때마다 번번이
• ㉡ 그날그날 모든 날마다
• ㉢ 하나하나의 모든 일

068

海

바다 해

海 海 

물이 | 때마다 밀려오는 | 바다 해

한자 어휘 해군 海軍 | 해산물 海産物 | 해적 海賊

따라 쓰기 海

한자어 선 잇기

④ 海군 •
⑤ 海산물 •
⑥ 海적 •

• ㉠ 바다에서 나는 동식물
• ㉡ 해상에서 재물을 빼앗는 도적
• ㉢ 바다에서 전투를 하는 군대

且(또 차)는 고기를 쌓고 또 쌓은 모양이에요.

069

祖

할아비 조

祖 祖 祖 

제단에 | 음식 쌓고 | 제사 지내는 | 할아비 조

한자 어휘 조국 祖國 | 조부모 祖父母 | 조상 祖上

따라 쓰기 祖

한자어 선 잇기

⑦ 祖국 •
⑧ 祖부모 •
⑨ 祖상 •

• ㉠ 할아버지와 할머니
• ㉡ 조상 대대로 살아온 자기 나라
• ㉢ 자기 세대 이전의 윗대 할아버지

정답 ①-㉠ ②-㉢ ③-㉡/ ④-㉢ ⑤-㉠ ⑥-㉡/ ⑦-㉡ ⑧-㉠ ⑨-㉢/ ⑩-㉡ ⑪-㉢ ⑫-㉠

'한수'는 '한나라'를 뜻하지만
'큰 강', '한자', '사람'이라는 뜻도 있어요.

070

漢

한수 한

漢 漢 漢 

물가에서 / 스무 번 입 벌리며 / 지아비가 힘들게 일하는 땅 / 한수 한

한자 어휘 한강 漢江 | 한문 漢文 | 괴한 怪漢

따라 쓰기 漢

한자어 선 잇기

⑩ 漢강 •
⑪ 漢문 •
⑫ 괴漢 •

• ㉠ 차림새나 몸가짐이 괴상한 사람
• ㉡ 대한민국 서울을 중심으로 흐르는 큰 강
• ㉢ 한자로 쓴 문장

한자 복습 061~070 빈칸에 알맞은 한자, 훈(뜻)과 음(소리)을 채우세요.

성 성

孝

할아비 조

老

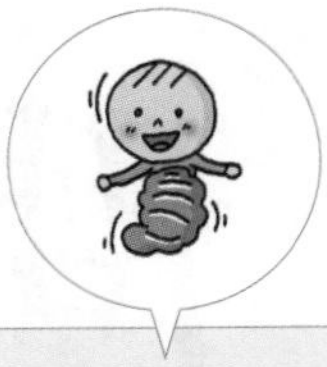

아들 자

한수 한

글자 자

每

편안 안

海

입은 우리 몸속으로 음식이 들어오는 통로 역할을 하지요.

071

口

입 구

둥근 입 입 구

한자 어휘 구전 口傳 | 이목구비 耳目口鼻 | 출구 出口

따라 쓰기 口

한자어 선 잇기

① 口전 • • ㉠ 귀·눈·입·코를 아우른 얼굴 생김새
② 이목口비 • • ㉡ 입에서 입으로 전함
③ 출口 • • ㉢ 밖으로 나가는 통로

丨 ㄗ ㄗ ㄗ 𠯑 門 門 門

問(물을 문) ↔ 答(대답 답)

072

問

물을 문

문 앞에서 입 열고 묻는 물을 문

한자 어휘 문답 問答 | 문제 問題 | 방문 訪問

따라 쓰기 問

한자어 선 잇기

④ 問답 • • ㉠ 묻고 대답함
⑤ 問제 • • ㉡ 찾아가 형편을 묻고 살핌
⑥ 방問 • • ㉢ 해답을 요구하며 묻는 주제

073

命

목숨 명

지붕 아래 입 벌리고 허리 굽히며 명령에 목숨 바치는 목숨 명

한자 어휘 명령 命令 | 인명 人命 | 왕명 王命

따라 쓰기 命

한자어 선 잇기

⑦ 命령 • • ㉠ 왕의 명령
⑧ 인命 • • ㉡ 아랫사람에게 무엇을 하도록 시킴
⑨ 왕命 • • ㉢ 사람의 목숨

정답 ①-㉡ ②-㉠ ③-㉢/ ④-㉠ ⑤-㉢ ⑥-㉡/ ⑦-㉡ ⑧-㉢ ⑨-㉠

074

歌

노래 가

↓ 입을 벌려 "옳다" 소리내는 可(옳을 가)

歌 歌 歌 歌

"옳다! 옳다!" 소리치며 | 턱을 벌리고 | 노래하는 | 노래 가

한자 어휘 가사 歌詞 | 가수 歌手 | 축가 祝歌

따라 쓰기 歌

한자어 선 잇기

① 歌사 •
② 歌수 •
③ 축歌 •

• ㉠ 노랫말
• ㉡ 축하의 뜻을 담은 노래
• ㉢ 노래 부르는 사람

'한가지'는 서로 같은 종류라는 뜻으로 '같다'를 뜻하기도 해요.

075

同

한가지 동

同 同 同 同

대나무 마디에 | 구멍이 뚫려 | 한 곳으로 통하는 | 한가지 동

한자 어휘 동심원 同心圓 | 동점 同點 | 동호회 同好會

따라 쓰기 同

한자어 선 잇기

④ 同심원 •
⑤ 同점 •
⑥ 同호회 •

• ㉠ 좋아하는 것이 같은 사람들의 모임
• ㉡ 중심이 같은 둘 이상의 원
• ㉢ 점수가 같음

'골'은 골짜기의 준말이에요. 서현동처럼 마을(동네)이라는 뜻으로 쓰여요.

076

洞

골 동

洞 洞 洞 洞

물이 | 한 곳에 모이는 | 골짜기 | 골 동

한자 어휘 동구 洞口 | 동리 洞里 | 통찰 洞察

'밝을 통'이라는 훈음도 있어요.

따라 쓰기 洞

한자어 선 잇기

⑦ 洞구 •
⑧ 洞리 •
⑨ 洞찰 •

• ㉠ 마을, 동(洞)과 리(里)
• ㉡ 꿰뚫어 환히 내다 봄
• ㉢ 동네 입구

정답 ①-㉠ ②-㉢ ③-㉡/ ④-㉡ ⑤-㉢ ⑥-㉠/ ⑦-㉢ ⑧-㉠ ⑨-㉡

혀가 입에서 이리저리 움직이는
모양을 나타낸 舌(혀 설)

077

活

살 활

물이 혀에 닿아 살아나는 살 활

한자 어휘 활동 活動 | 활용 活用 | 부활 復活

따라 쓰기 活

한자어 선 잇기

① 活동 •
② 活용 •
③ 부活 •

• ㉠ 잘 살려서 이용함
• ㉡ 활발히 움직임
• ㉢ 죽었다가 다시 되살아남

078

話

말씀 화

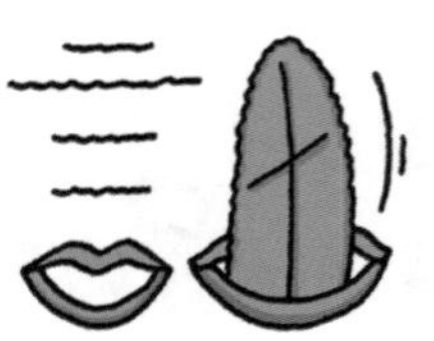

말할 때 혀를 날름거려 재미있게 말하는 말씀 화

한자 어휘 화법 話法 | 대화 對話 | 동화 童話

'이야기'라는 뜻도 있어요.

따라 쓰기 話

한자어 선 잇기

④ 話법 •
⑤ 대話 •
⑥ 동話 •

• ㉠ 말하는 방법
• ㉡ 아이들을 위하여 지은 이야기
• ㉢ 마주 대하고 주고받는 이야기

손바닥으로 가슴을 치며
"나야!"라고 말하는 吾(나 오)

079

語

말씀 어

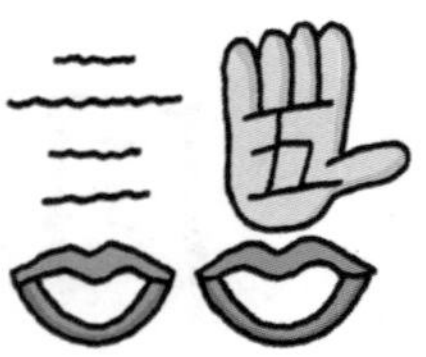

말로 나에 대해 말하는 말씀 어

한자 어휘 어원 語源 | 단어 單語 | 용어 用語

따라 쓰기 語

한자어 선 잇기

⑦ 語원 •
⑧ 단語 •
⑨ 용語 •

• ㉠ 일정한 분야에서 주로 쓰는 말
• ㉡ 홀로 쓸 수 있는 말, 낱말
• ㉢ 어떤 말이 생겨난 근원

정답 ①-㉡ ②-㉠ ③-㉢/ ④-㉠ ⑤-㉢ ⑥-㉡/ ⑦-㉢ ⑧-㉡ ⑨-㉠/ ⑩-㉡ ⑪-㉢ ⑫-㉠

엎드린 몸을 그린 己(몸 기)

080

記

기록할 기

記 記 記 

말을 몸을 엎드려 기록하는 기록할 기

한자 어휘 기사 記事 | 기억 記憶 | 기호 記號

따라 쓰기 記

한자어 선 잇기

⑩ 記사 • • ㉠ 기록할 때 사용하는 부호

⑪ 記억 • • ㉡ 사실을 기록해 알리는 글

⑫ 記호 • • ㉢ 기록한 것처럼 잊지 않고 생각해 냄

한자 복습 071~080 빈칸에 알맞은 한자, 훈(뜻)과 음(소리)을 채우세요.

	歌		命	
골 동		말씀 어		입 구

			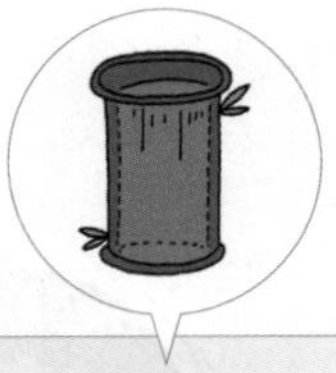	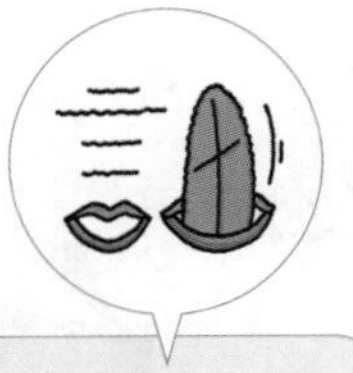
		活		話
기록할 기	물을 문		한가지 동	

081

直

곧을 직

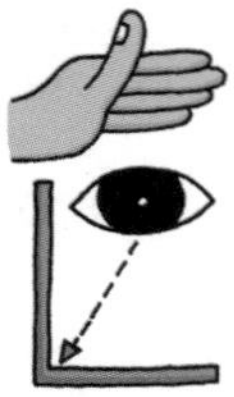

ナ은 左(왼 좌)의 일부로 왼손을 의미해요.

直 直 直 

왼손을 눈에 대고 곧은지 살피는 곧을 직

한자 어휘 직선 直線 | 직진 直進 | 정직 正直

따라 쓰기 直

한자어 선 잇기

① 直선 •
② 直진 •
③ 정直 •

• ㉠ 곧게 나아감
• ㉡ 거짓이 없이 마음이 바르고 곧음
• ㉢ 곧은 선

082

植

심을 식

植 植 

나무를 곧게 세워 심는 심을 식

한자 어휘 식물 植物 | 식수 植樹 | 이식 移植

따라 쓰기 植

한자어 선 잇기

④ 植물 •
⑤ 植수 •
⑥ 이植 •

• ㉠ 옮겨서 심음
• ㉡ 나무를 심음
• ㉢ 흙에서 자라는 나무나 풀 같은 생물

083

自

스스로 자

自 自 自 

콧부리부터 코 전체 콧등에 코끝 스스로 코를 가리키는 스스로 자

한자 어휘 자동 自動 | 자전 自轉 | 자화상 自畫像

따라 쓰기 自

한자어 선 잇기

⑦ 自동 •
⑧ 自전 •
⑨ 自화상 •

• ㉠ 천체가 스스로 회전함
• ㉡ 자신을 그린 그림
• ㉢ 스스로 움직임

정답 ①-㉢ ②-㉠ ③-㉡/ ④-㉢ ⑤-㉡ ⑥-㉠/ ⑦-㉢ ⑧-㉠ ⑨-㉡

084

面

낯 면

面 面 面

이마 아래 / 얼굴 / 코 있는 / 낯 면

한자 어휘 면접 面接 | 평면 平面 | 측면 側面

따라 쓰기 面

한자어 선 잇기

① 面접 •	• ㉠ 정면이 아닌 옆면, 한쪽 면
② 평面 •	• ㉡ 평평한 면
③ 측面 •	• ㉢ 얼굴을 보며 직접 만남

085

道

길 도

道 道

머리를 들고 / 큰길을 달리는 / 길 도

한자 어휘 도덕 道德 | 도로 道路 | 도리 道理

따라 쓰기 道

한자어 선 잇기

④ 道덕 •	• ㉠ 사람으로서 지켜야 할 도리와 덕성
⑤ 道로 •	• ㉡ 사람이 마땅히 해야 할 바른 길
⑥ 道리 •	• ㉢ 사람이나 차가 다닐 수 있는 넓은 길

前(앞 전) ↔ 後(뒤 후)

086

前

앞 전

前 前 前

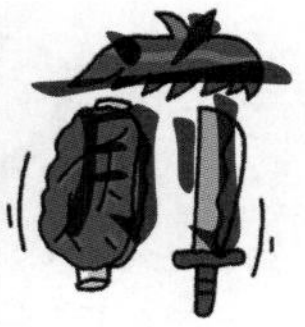

머리털을 날리며 / 고깃덩이와 칼을 들고 / 앞으로 나아가는 / 앞 전

한자 어휘 전년 前年 | 전진 前進 | 오전 午前

따라 쓰기 前

한자어 선 잇기

⑦ 前년 •	• ㉠ 낮 12시 정오(正午) 이전
⑧ 前진 •	• ㉡ 올해의 바로 앞 지난해
⑨ 오前 •	• ㉢ 앞으로 나아감

정답 ①-㉢ ②-㉡ ③-㉠/ ④-㉠ ⑤-㉢ ⑥-㉡/ ⑦-㉡ ⑧-㉢ ⑨-㉠

𠂇은 右(오른 우)의 일부로
오른손을 의미해요.

087

有

있을 유

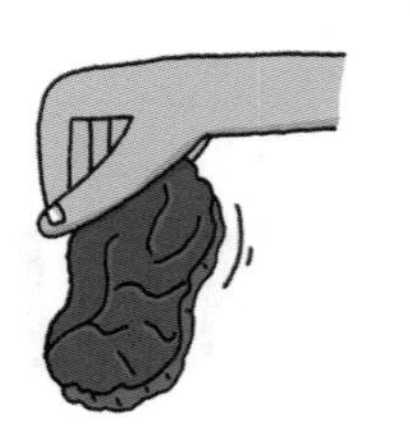

有 有 有

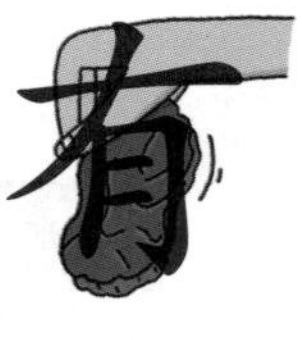

오른손에 / 고깃덩이가 있는 / 있을 유

한자 어휘 유능 有能 | 유익 有益 | 소유 所有

따라 쓰기 有

한자어 선 잇기

① 有능 •
② 有익 •
③ 소有 •

• ㉠ 이익이 있음
• ㉡ 가지고 있음
• ㉢ 능력이 있음

育(육)의 윗부분은 子(아들 자)를
뒤집은 모양이에요.

088

育

기를 육

育 育 育

갓난아이를 / 살찌도록 기르는 / 기를 육

한자 어휘 육아 育兒 | 교육 教育 | 체육 體育

따라 쓰기 育

한자어 선 잇기

④ 育아 •
⑤ 교育 •
⑥ 체育 •

• ㉠ 지식과 기술을 가르치며 인격을 길러 줌
• ㉡ 어린아이를 기름
• ㉢ 신체의 발달을 목적으로 가르치는 교과목

089

心

마음 심

心 心 心

피가 / 심장에 / 들어왔다 나갔다 하는 / 마음 심

한자 어휘 심신 心身 | 결심 決心 | 호기심 好奇心

따라 쓰기 心

한자어 선 잇기

⑦ 心신 •
⑧ 결心 •
⑨ 호기心 •

• ㉠ 마음을 굳게 결정함
• ㉡ 새롭고 신기한 것을 좋아하는 마음
• ㉢ 마음과 몸

정답 ①-㉢ ②-㉠ ③-㉡/ ④-㉡ ⑤-㉠ ⑥-㉢/ ⑦-㉢ ⑧-㉠ ⑨-㉡/ ⑩-㉢ ⑪-㉡ ⑫-㉠

090

食

먹을 식

밥뚜껑을 열고	입을 벌리고 앉아	두 팔로 밥을 먹는	먹을 식

한자 어휘 식사 食事 | 간식 間食 | 음식 飮食

따라 쓰기 食

한자어 선 잇기

⑩ 食사 •
⑪ 간食 •
⑫ 음食 •

• ㉠ 마시고 먹는 것
• ㉡ 끼니와 끼니 사이에 먹는 음식
• ㉢ 음식을 먹는 일

한자 복습 081~090 **빈칸에 알맞은 한자, 훈(뜻)과 음(소리)을 채우세요.**

앞 전

面

먹을 식

自

곧을 직

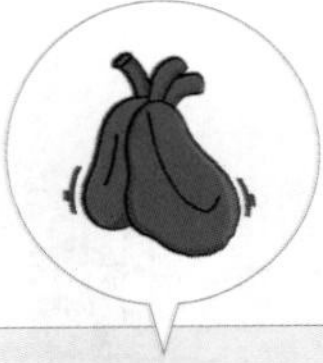

마음 심

심을 식

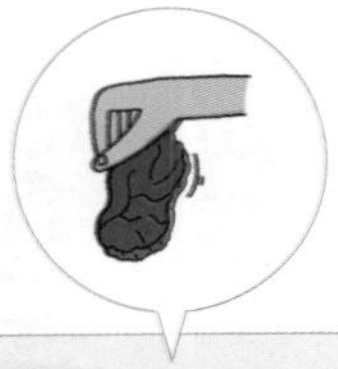

有

길 도

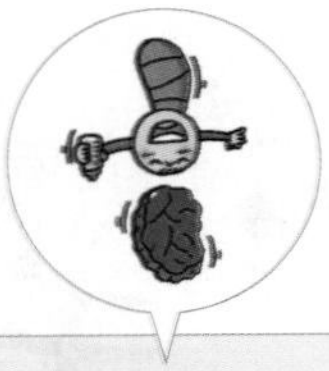

育

左(왼 좌) ↔ 右(오른 우)

091

左

왼 좌

왼손에 손도끼 왼 좌

한자 어휘 좌지우지 左之右之 | 좌변 左邊 | 좌회전 左回轉

따라 쓰기 左

한자어 선 잇기

① 左지우지 •
② 左변 •
③ 左회전 •

• ㉠ 왼쪽 오른쪽 이랬다저랬다 제 마음대로 함
• ㉡ 차가 왼쪽으로 돎
• ㉢ 등호 왼쪽에 있는 수 또는 식

092

右

오른 우

오른손으로 입 벌려 밥 먹는 오른 우

한자 어휘 우왕좌왕 右往左往 | 우측 右側
좌충우돌 左衝右突

따라 쓰기 右

한자어 선 잇기

④ 右왕좌왕 •
⑤ 右측 •
⑥ 좌충右돌 •

• ㉠ 오른쪽
• ㉡ 오른쪽 왼쪽 이리저리 갈피를 못 잡음
• ㉢ 왼쪽 오른쪽 이리저리 마구 부딪침

手(손 수) ↔ 足(발 족)

093

手

손 수

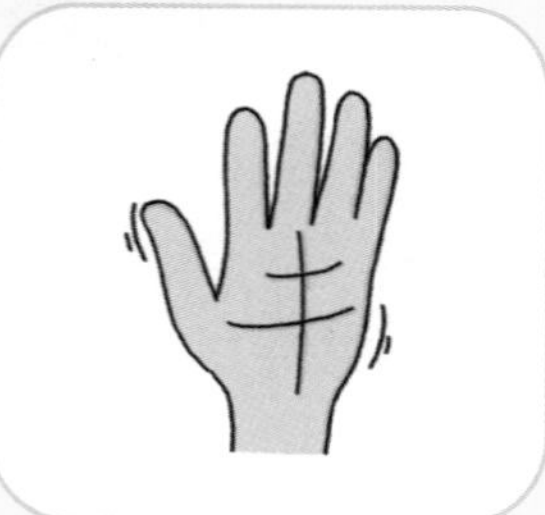

손가락 손목 손 수

한자 어휘 수동 手動 | 박수 拍手 | 세수 洗手

따라 쓰기 手

한자어 선 잇기

⑦ 手동 •
⑧ 박手 •
⑨ 세手 •

• ㉠ 두 손바닥이 마주 침
• ㉡ 기계 등을 손으로 움직임
• ㉢ 손이나 얼굴을 물로 씻음

어제 배운 한자 읽기 直植自面道前有育心食

094

事

일 사

윗사람이 입 벌려 말하면 | 아랫사람이 손으로 막대를 잡고 일하는 | 일 사

(한자 어휘) 사물 事物 | 사실 事實 | 가사 家事

따라 쓰기 事

한자어 선 잇기

① 事물 •
② 事실 •
③ 가事 •

• ㉠ 집안 살림에 관한 일
• ㉡ 일과 물건
• ㉢ 실제로 있는 일

발가락과 땅을 나타내는 止(그칠 지)

095

正

바를 정

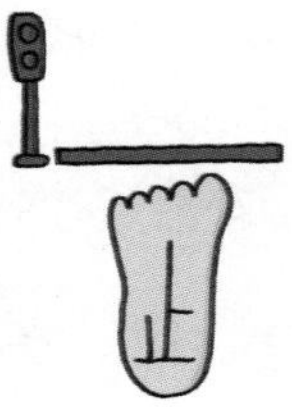

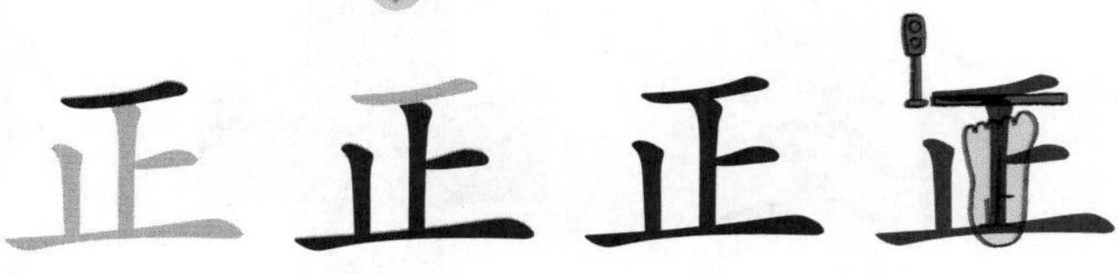

한 곳에 | 발을 멈추고 | 바르게 서는 | 바를 정

(한자 어휘) 정답 正答 | 정확 正確 | 정면 正面

따라 쓰기 正

한자어 선 잇기

④ 正답 •
⑤ 正확 •
⑥ 正면 •

• ㉠ 바르고 확실함
• ㉡ 문제에 대한 바른 답
• ㉢ 똑바로 마주 보이는 면

096

足

발 족

입을 벌리고 | 발을 | 앞뒤로 뻗은 | 발 족

(한자 어휘) 족구 足球 | 족쇄 足鎖 | 실족 失足

따라 쓰기 足

한자어 선 잇기

⑦ 足구 •
⑧ 足쇄 •
⑨ 실足 •

• ㉠ 발을 헛디딤
• ㉡ 발로 공을 차며 겨루는 경기
• ㉢ 죄인의 발목에 채우는 쇠사슬

정답 ①-㉡ ②-㉢ ③-㉠/ ④-㉡ ⑤-㉠ ⑥-㉢/ ⑦-㉡ ⑧-㉢ ⑨-㉠

왼발, 오른발을 그린 癶(두발 발)

097

登

오를 등

登 登 登 登

왼발 오른발 디디며 | 제기를 들고 | 제단을 오르는 | 오를 등

한자 어휘 등록 登錄 | 등산 登山 | 등장 登場

따라 쓰기 登

한자어 선 잇기

① 登록 •
② 登산 •
③ 登장 •

• ㉠ 문서에 올려 기록함
• ㉡ 산에 오름
• ㉢ 무대나 연단에 올라 나타남

前(앞 전) ↔ 後(뒤 후)

098

後

뒤 후

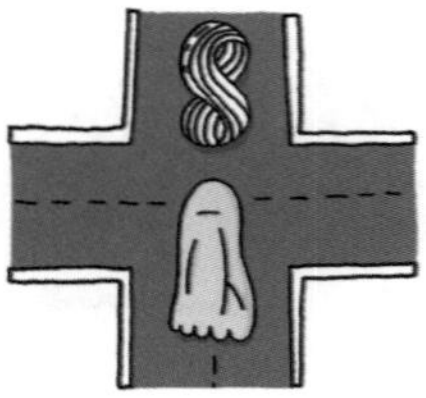

後 後 後 後

큰길에서 | 작은 걸음으로 | 이리저리 뒤에 오는 | 뒤 후

한자 어휘 후문 後門 | 후퇴 後退 | 후회 後悔

따라 쓰기 後

한자어 선 잇기

④ 後문 •
⑤ 後퇴 •
⑥ 後회 •

• ㉠ 뒤늦게 잘못을 깨닫고 뉘우침
• ㉡ 뒤로 물러남
• ㉢ 뒷문

夏(여름 하) ↔ 冬(겨울 동)

099

夏

여름 하

夏 夏 夏 夏

큰 머리에 땀 흘리며 | 이리저리 걷는 | 무더운 여름 | 여름 하

한자 어휘 하계 夏季 | 하복 夏服 | 하지 夏至

따라 쓰기 夏

한자어 선 잇기

⑦ 夏계 •
⑧ 夏복 •
⑨ 夏지 •

• ㉠ 여름옷
• ㉡ 여름철
• ㉢ 일 년 중 낮이 가장 긴 날

정답 ①-㉠ ②-㉡ ③-㉢/ ④-㉢ ⑤-㉡ ⑥-㉠/ ⑦-㉡ ⑧-㉠ ⑨-㉢/ ⑩-㉡ ⑪-㉢ ⑫-㉠

얼음을 그린 冫(얼음 빙)

100

冬

겨울 동

이리저리 걸을 때 | 얼음 언 | 추운 겨울 | 겨울 동

(한자 어휘) 동면 冬眠 | 동절기 冬節期 | 동지 冬至

따라 쓰기 冬

한자어 선 잇기

⑩ 冬면 •　　　• ㉠ 일 년 중 밤이 가장 긴 날

⑪ 冬절기 •　　　• ㉡ 겨울잠

⑫ 冬지 •　　　• ㉢ 겨울 동안

한자 복습 091~100 **빈칸에 알맞은 한자, 훈(뜻)과 음(소리)을 채우세요.**

발 족

事

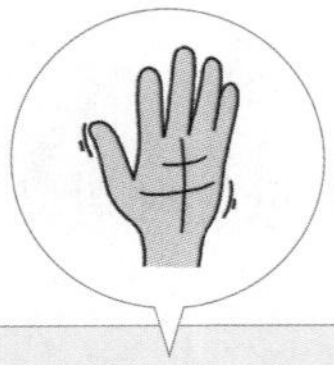

손 수

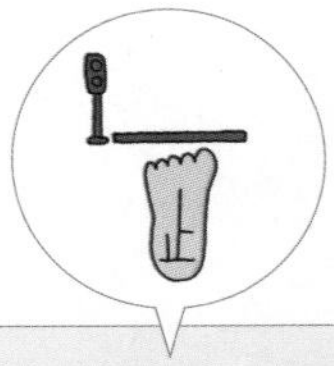

바를 정

왼 좌

여름 하

오른 우

登

겨울 동

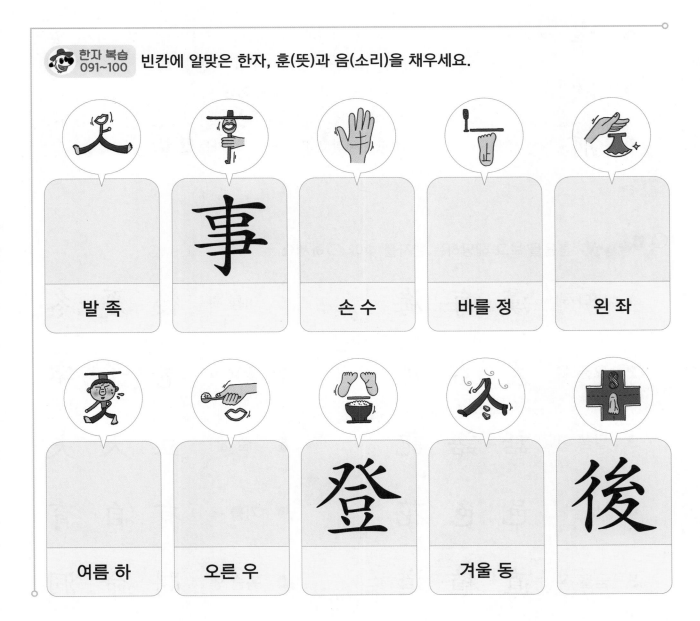

後

12일 차 7급 한자 복습하기 051~100

선 잇기 한자를 보고 해당하는 한자 풀이말을 찾아 선으로 이으세요.

1	入	• 늙은 아비를 아들이 업고 모시는 **효도** 효
2	便	• "옳다! 옳다!" 소리치며 턱을 벌리고 노래하는 **노래** 가
3	植	• 사람이 고장난 물건을 고쳐 **편할** 편
4	孝	• 머리털 날리며 고깃덩이와 칼을 들고 앞으로 나아가는 **앞** 전
5	歌	• 나무를 곧게 세워 심는 **심을** 식
6	前	• 다리 내밀고 고개 숙여 들어가는 **들** 입

한자찾기 훈음을 보고 해당하는 한자를 찾아 ○하세요.

1 바다 해 漢 每 海

2 오른 우 左 右 足

3 말씀 어 話 語 記

4 빛 색 邑 色 花

5 곧을 직 直 植 道

6 여름 하 後 夏 冬

7 글자 자 老 子 字

8 설 립 立 天 夫

9 기를 육 有 自 育

10 목숨 명 問 命 洞

훈음쓰기 한자의 훈음을 쓰세요.

1 話 (　　　　　　)
2 面 (　　　　　　)
3 內 (　　　　　　)
4 事 (　　　　　　)
5 安 (　　　　　　)
6 後 (　　　　　　)
7 文 (　　　　　　)
8 食 (　　　　　　)
9 記 (　　　　　　)
10 老 (　　　　　　)

한자읽기 문장을 읽고, 밑줄 친 한자 어휘는 한글로 쓰세요.

1 잠이 부足해 자꾸 하품이 납니다.
2 명절에 祖상의 산소를 찾아가 성묘합니다.
3 폭설로 道로의 차들이 서행하고 있습니다.
4 시장은 상인과 행인들로 活기가 넘칩니다.
5 마당에는 여러 가지 花초가 피어 있습니다.
6 주말에 가족과 登산했습니다.

13일 차 7급 한자 익히기 101~110

月(달 월)을 반만 그린 夕(저녁 석)

101

夕

저녁 석

夕 달이 | 夕 반쯤 떠오른 | 저녁 석

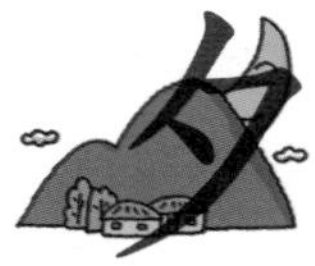

한자 어휘 석식 夕食 | 석양 夕陽 | 조석 朝夕

따라 쓰기 夕

한자어 선 잇기

① 夕식 •
② 夕양 •
③ 조夕 •

• ㉠ 저녁밥
• ㉡ 아침과 저녁
• ㉢ 저녁때의 햇빛

저녁이 되면 잘 보이지 않아 손짓 대신 이름을 불러요.

102

名

이름 명

名 저녁에 | 名 입 벌려 부르는 | 이름 명

한자 어휘 명사 名詞 | 유명 有名 | 명언 名言

'훌륭하다'라는 뜻도 있어요.

따라 쓰기 名

한자어 선 잇기

④ 名사 •
⑤ 유名 •
⑥ 名언 •

• ㉠ 이치에 맞는 훌륭한 말
• ㉡ 이름이 널리 알려짐
• ㉢ 사물의 이름을 나타내는 품사

가로획 一은 땅을 가리켜요.

103

上

윗 상

上 몸 세워 팔 내밀고 | 上 땅 위에 서 있는 | 윗 상

한자 어휘 상류 上流 | 상의 上衣 | 상체 上體

따라 쓰기 上

한자어 선 잇기

⑦ 上류 •
⑧ 上의 •
⑨ 上체 •

• ㉠ 윗옷
• ㉡ 강물이나 하천의 위쪽 흐름
• ㉢ 몸의 윗부분

정답 ①-㉠ ②-㉢ ③-㉡/ ④-㉢ ⑤-㉡ ⑥-㉠/ ⑦-㉡ ⑧-㉠ ⑨-㉢

104

下
아래 하

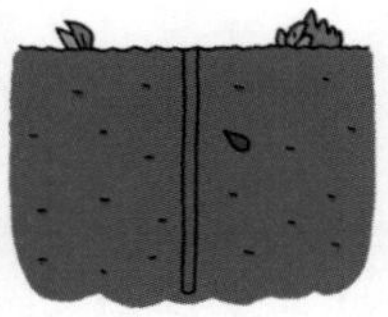

下 下 

땅 아래 | 깊이 박힌 | 아래 하

한자 어휘 하락 下落 | 하산 下山 | 영하 零下

따라 쓰기 下

한자어 선 잇기

① 下락 •
② 下산 •
③ 영下 •

• ㉠ 값이나 가치가 아래로 떨어짐
• ㉡ 섭씨 0도 아래의 온도
• ㉢ 산 아래로 내려옴

地(땅 지) ↔ 天(하늘 천)

105

地
땅 지

地 地 

흙이 | 여기저기 널려있는 | 땅 지

한자 어휘 지구 地球 | 지도 地圖 | 농지 農地

따라 쓰기 地

한자어 선 잇기

④ 地구 •
⑤ 地도 •
⑥ 농地 •

• ㉠ 농사짓는 땅
• ㉡ 인류가 살고 있는 공 모양의 땅덩어리
• ㉢ 땅의 모양을 그려 놓은 것

구름에서 비가 내리는
雨(비 우)

106

電
번개 전

電 電 電 

비 올 때 | 하늘이 갈라지며 | 번쩍 내리치는 | 번개 전

한자 어휘 전류 電流 | 전송 電送 | 전철 電鐵

따라 쓰기 電

한자어 선 잇기

⑦ 電류 •
⑧ 電송 •
⑨ 電철 •

• ㉠ 글이나 사진을 전류를 통해 보냄
• ㉡ 전기의 힘으로 철길을 달리는 열차
• ㉢ 전기의 흐름

정답 ①-㉠ ②-㉢ ③-㉡/ ④-㉡ ⑤-㉢ ⑥-㉠/ ⑦-㉢ ⑧-㉠ ⑨-㉡

‘내’는 시내보다 크고
강보다는 작은 물줄기예요.

107

川

내 천

川 川 川 川

굽이져 흐르는 냇물 내 천

한자 어휘 산천초목 山川草木 | 주야장천 晝夜長川
하천 河川

따라 쓰기 川

한자어 선 잇기

① 산川초목 •
② 주야장川 •
③ 하川 •

• ㉠ 산과 내와 풀과 나무가 있는 자연
• ㉡ 밤낮으로 흐르는 냇물처럼 잇따름
• ㉢ 강과 시내

世(인간 세)는 卄(스물 입)과
十(열 십)을 더한 글자예요.

108

世

인간 세

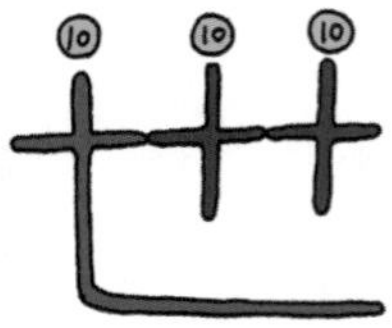

世 世 世 世

이십 년 살고 십 년 더 살며 가족을 이룬 인간 세

한자 어휘 세대 世代 | 세상 世上 | 난세 亂世

따라 쓰기 世

한자어 선 잇기

④ 世대 •
⑤ 世상 •
⑥ 난世 •

• ㉠ 사람이 살아가는 모든 사회
• ㉡ 같은 시대를 살아가는 비슷한 연령층
• ㉢ 전쟁이나 무질서로 어지러운 세상

白(흰 백)과 모양이
비슷하니 주의해요.

109

百

일백 백

百 百 百 百

하늘 아래 흰 빛이 백 명을 비추는 일백 백

한자 어휘 백화점 百貨店 | 백전백승 百戰百勝
백만장자 百萬長者 ‘많다’라는 뜻도 있어요.

따라 쓰기 百

한자어 선 잇기

⑦ 百화점 •
⑧ 百전百승 •
⑨ 百만장자 •

• ㉠ 백 번 싸워 백 번 다 이김
• ㉡ 백 가지가 넘는 상품을 파는 가게
• ㉢ 만의 백 배, 그만큼 많은 돈을 가진 큰 부자

정답 ①-㉠ ②-㉡ ③-㉢/ ④-㉡ ⑤-㉠ ⑥-㉢/ ⑦-㉡ ⑧-㉠ ⑨-㉢/ ⑩-㉠ ⑪-㉢ ⑫-㉡

百(일백 백)의 줄임꼴

110

千

일천 천

千 백 명의

千 열 배

일천 천

한자 어휘 천군만마 千軍萬馬 | 천금 千金
천차만별 千差萬別 ['많다'라는 뜻도 있어요.]

따라 쓰기 千

한자어 선 잇기

⑩ 千군만마 •
⑪ 千금 •
⑫ 千차만별 •

• ㉠ 천 명의 군사와 만 마리의 말
• ㉡ 여러 사물이 천 가지 차이와 만 가지 구별이 있음
• ㉢ 엽전 천 냥, 그만큼 많은 돈

한자 복습 101~110 **빈칸에 알맞은 한자, 훈(뜻)과 음(소리)을 채우세요.**

번개 전

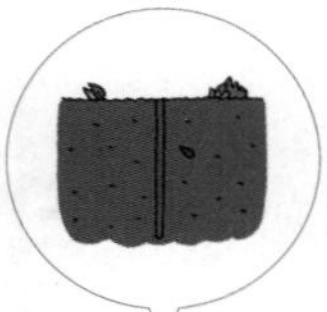

下

일천 천

上

저녁 석

일백 백

이름 명

川

땅 지

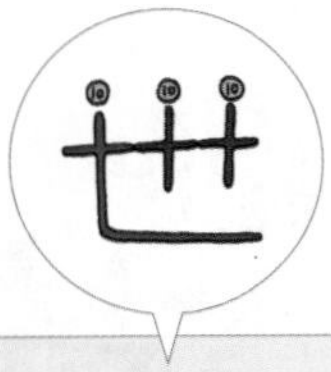

世

14일 차 7급 한자 익히기 111~120

예전에는 해가 떠서 질때까지
때맞추어 절에서 종을 쳤대요.

111

時

때 시

時 時 時 

해를 보고 / 절에서 종을 쳐 / 때를 알리는 / 때 시

한자 어휘 시간 時間 | 시속 時速 | 즉시 卽時

따라 쓰기 時

한자어 선 잇기

① 時간 •
② 時속 •
③ 즉時 •

• ㉠ 한 시간 동안 가는 거리로 나타낸 빠르기
• ㉡ 곧바로 그때
• ㉢ 시각과 시각 사이

112

間

사이 간

間 間 

문 사이로 / 해가 비치는 / 사이 간

한자 어휘 간격 間隔 | 간식 間食 | 중간 中間

따라 쓰기 間

한자어 선 잇기

④ 間격 •
⑤ 間식 •
⑥ 중間 •

• ㉠ 두 사물의 가운데 사이
• ㉡ 끼니와 끼니 사이에 먹는 음식
• ㉢ 시간적·공간적 벌어진 사이

113

草

풀 초

草 草 草 

풀의 싹이 / 햇빛 받아 / 땅 위로 돋는 / 풀 초

한자 어휘 초가 草家 | 초록 草綠 | 초목 草木

따라 쓰기 草

한자어 선 잇기

⑦ 草가 •
⑧ 草록 •
⑨ 草목 •

• ㉠ 볏짚 등 풀로 지붕을 덮은 집
• ㉡ 풀과 나무
• ㉢ 풀과 같은 푸른색

정답 ①-㉢ ②-㉠ ③-㉡/ ④-㉢ ⑤-㉡ ⑥-㉠/ ⑦-㉠ ⑧-㉢ ⑨-㉡

114 場

場
마당 장

場 場 場 

흙 있고 | 해 아래 | 깃발이 나부끼는 | 마당 장

한자 어휘 장소 場所 | 공장 工場 | 시장 市場

따라 쓰기 場

한자어 선 잇기

① 場소 •
② 공場 •
③ 시場 •

• ㉠ 여러 가게가 모인 일정한 장소
• ㉡ 무엇이 있거나 일이 이루어지는 곳
• ㉢ 원료를 가공하여 물건을 만드는 장소

春(봄 춘) ↔ 秋(가을 추)

115 春

春
봄 춘

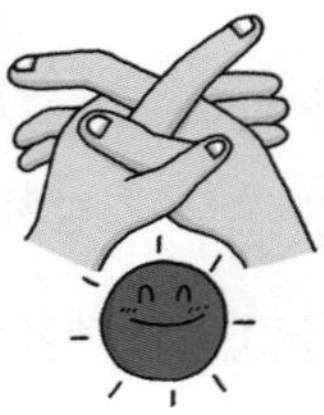

春 春 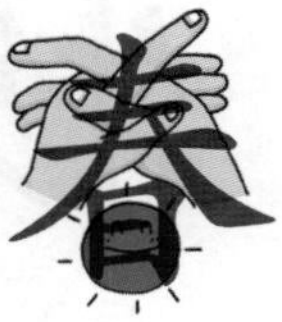

손가락 모으고 | 햇볕 쬐는 | 봄 춘

한자 어휘 춘분 春分 | 춘풍 春風 | 일장춘몽 一場春夢

따라 쓰기 春

한자어 선 잇기

④ 春분 •
⑤ 春풍 •
⑥ 일장春몽 •

• ㉠ 봄바람
• ㉡ 한바탕 봄날의 꿈처럼 덧없음을 비유함
• ㉢ 24절기의 하나로, 밤낮의 길이가 같은 날

116 農

農
농사 농

農 農 農 

밭 갈고 곡식 심고 | 비탈에 둘이 앉아 | 농사짓는 | 농사 농

한자 어휘 농민 農民 | 농산물 農産物 | 농촌 農村

따라 쓰기 農

한자어 선 잇기

⑦ 農민 •
⑧ 農산물 •
⑨ 農촌 •

• ㉠ 농사짓는 사람들이 사는 시골 마을
• ㉡ 농사짓는 사람
• ㉢ 농사지어 생산된 곡식, 과일 등의 물품

정답 ①-㉡ ②-㉢ ③-㉠/ ④-㉢ ⑤-㉠ ⑥-㉡/ ⑦-㉡ ⑧-㉢ ⑨-㉠

年(해 년)과 모양이 비슷하니 주의해요.

117

午

낮 오

햇볕을 피해 고개 숙이는 | 열 시 넘어 한낮 | 낮 오

한자 어휘 오찬 午餐 | 정오 正午 | 오후 午後

따라 쓰기 午

한자어 선 잇기

① 午찬 • • ㉠ 정오부터 해가 질 때까지의 동안

② 정午 • • ㉡ 오시의 정각인 낮 12시

③ 午후 • • ㉢ 손님을 초대하여 낮에 먹는 식사

118

物

물건 물

소를 잡아 | 깃발처럼 걸어놓은 | 물건 물

한자 어휘 물건 物件 | 물질 物質 | 선물 膳物

따라 쓰기 物

한자어 선 잇기

④ 物건 • • ㉠ 남에게 선사하는 물건

⑤ 物질 • • ㉡ 형체를 가진 모든 물품

⑥ 선物 • • ㉢ 만물을 이루는 바탕이 되는 것

돼지를 그린 豕(돼지 시)

119

家

집 가

우리에 | 돼지가 모여있듯 | 함께 모여 사는 | 집 가

한자 어휘 가구 家具 | 가보 家寶 | 가축 家畜

따라 쓰기 家

한자어 선 잇기

⑦ 家구 • • ㉠ 집에서 쓰는 살림 도구나 기구

⑧ 家보 • • ㉡ 집에서 기르는 동물

⑨ 家축 • • ㉢ 한집안의 귀중한 물품

정답 ①-㉢ ②-㉡ ③-㉠/ ④-㉡ ⑤-㉢ ⑥-㉠/ ⑦-㉠ ⑧-㉢ ⑨-㉡/ ⑩-㉡ ⑪-㉢ ⑫-㉠

120

然
그럴 연

然 然 然 

고기 먹으며 | 개와 함께 불을 쬐는 | 그럴 듯한 일이니 | 그럴 연

한자 어휘 돌연 突然 | 자연 自然 | 필연 必然

따라 쓰기 然

한자어 선 잇기

⑩ 돌然 •
⑪ 자然 •
⑫ 필然 •

• ㉠ 반드시 그러함
• ㉡ 뜻하지 않게 갑자기 그런 상태
• ㉢ 사람과 상관없이 저절로 된 그런 상태

한자 복습 111~120 **빈칸에 알맞은 한자, 훈(뜻)과 음(소리)을 채우세요.**

			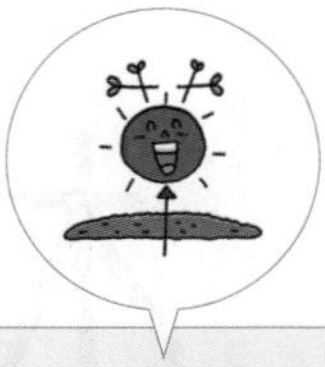	
	場		草	
농사 농		집 가		때 시

	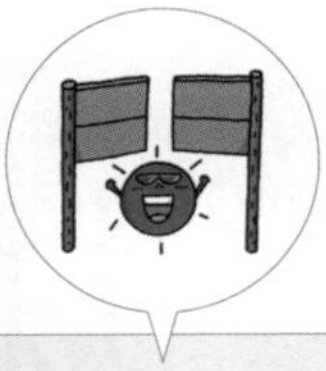		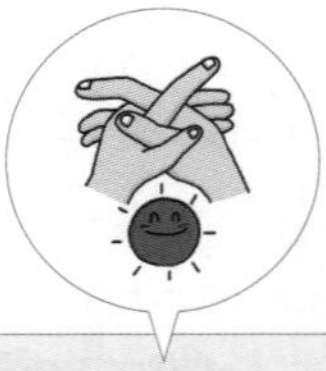	
		午		物
그럴 연	사이 간		봄 춘	

121

休

쉴 휴

休 사람이 / 休 나무 옆에 /  쉴 휴

한자 어휘 휴식 休息 | 휴일 休日 | 휴전 休戰

따라 쓰기 休

한자어 선 잇기

① 休식 •
② 休일 •
③ 休전 •

• ㉠ 쉬는 날
• ㉡ 전쟁을 멈추고 쉼
• ㉢ 쉬면서 숨을 돌림

손목 마디를 그린 寸(마디 촌)

122

村

마을 촌

村 나무가 / 村 마디마디 둘러선 /  마을 촌

한자 어휘 촌장 村長 | 농촌 農村 | 어촌 漁村

따라 쓰기 村

한자어 선 잇기

④ 村장 •
⑤ 농村 •
⑥ 어村 •

• ㉠ 농사를 지으며 사는 마을
• ㉡ 한 마을을 대표하는 어른
• ㉢ 물고기를 잡으며 사는 바닷가 마을

낱말의 첫 글자에 오면 '임'으로 읽어요.

123

林

수풀 림

林 나무와 / 林 나무가 우거진 /  수풀 림

한자 어휘 임야 林野 | 밀림 密林 | 방풍림 防風林

따라 쓰기 林

한자어 선 잇기

⑦ 林야 •
⑧ 밀林 •
⑨ 방풍林 •

• ㉠ 숲과 들
• ㉡ 바람을 막기 위해 가꾼 숲
• ㉢ 큰 나무가 빽빽한 깊은 숲, 정글

정답 ①-㉢ ②-㉠ ③-㉡/ ④-㉡ ⑤-㉠ ⑥-㉢/ ⑦-㉠ ⑧-㉢ ⑨-㉡

124

來

올 래

來 來 來 

보리 이삭, 잎 | 줄기, 뿌리 | 밟으며 걸어오는 | 올 래

한자 어휘 내일 來日 | 미래 未來 | 설왕설래 說往說來

따라 쓰기 來

한자어 선 잇기

① 來일 • 	• ㉠ 말이 오고 가며 서로 말다툼함
② 미來 • 	• ㉡ 아직 오지 않고 앞으로 올 날
③ 설왕설來 • 	• ㉢ 오늘이 지나고 다음에 오는 날

벼이삭[一] 아래 木(나무 목)을 그린 禾(벼 화)

125

秋

가을 추

秋 秋 

벼를 거두고 | 불을 피우는 | 가을 추

한자 어휘 추수 秋收 | 추풍낙엽 秋風落葉 | 입추 立秋

따라 쓰기 秋

한자어 선 잇기

④ 秋수 • 	• ㉠ 가을에 곡식을 거두어들임
⑤ 秋풍낙엽 • 	• ㉡ 24절기의 하나로, 가을이 시작된다는 날
⑥ 입秋 • 	• ㉢ 가을바람에 나뭇잎이 떨어짐

벼이삭에 낱알이 다닥다닥 붙은 米(쌀 미)

126

氣

기운 기

氣 氣 氣 

숨결은 | 쌀을 먹어야 | 나오는 기운이니 | 기운 기

한자 어휘 기온 氣溫 | 기절 氣絕 | 전기 電氣

따라 쓰기 氣

한자어 선 잇기

⑦ 氣온 • 	• ㉠ 전자의 움직임으로 생기는 기운
⑧ 氣절 • 	• ㉡ 공기의 온도
⑨ 전氣 • 	• ㉢ 기운이 끊어져 정신을 잃음

정답 ①-㉢ ②-㉡ ③-㉠/ ④-㉠ ⑤-㉢ ⑥-㉡/ ⑦-㉡ ⑧-㉢ ⑨-㉠

127

不

아닐 불

不 不 不

꽃망울 꽃받침 꽃봉오리가 아직 피지 않은

아닐 불

한자 어휘 불만 不滿 | 불편 不便 | 부동 不動

'ㄷ', 'ㅈ'으로 시작하는 한자 앞에서는 '부'

따라 쓰기 不

한자어 선 잇기

① 不만 •
② 不편 •
③ 不동 •

• ㉠ 만족하지 않음
• ㉡ 움직이지 않음
• ㉢ 편리하지 않음

128

平

평평할 평

平 平

개구리밥에 잔뿌리 나고 / 물에 뿌리내려

평평할 평

한자 어휘 평야 平野 | 평행 平行 | 평일 平日

'보통', '보통 때'라는 의미도 있어요.

따라 쓰기 平

한자어 선 잇기

④ 平야 •
⑤ 平행 •
⑥ 平일 •

• ㉠ 휴일이 아닌 보통의 날
• ㉡ 두 직선이 평평하게 나란히 나아감
• ㉢ 평평하고 드넓은 들판

129

出

날 출

出 出

풀의 싹이 / 구덩이에서 나오니

날 출

한자 어휘 출근 出勤 | 출발 出發 | 출연 出演

따라 쓰기 出

한자어 선 잇기

⑦ 出근 •
⑧ 出발 •
⑨ 出연 •

• ㉠ 활 쏘듯 어떤 일을 시작하여 나아감
• ㉡ 연극이나 영화 등에 나옴
• ㉢ 근무하는 곳으로 나감

정답 ①-㉠ ②-㉢ ③-㉡/ ④-㉢ ⑤-㉡ ⑥-㉠/ ⑦-㉢ ⑧-㉠ ⑨-㉡/ ⑩-㉢ ⑪-㉠ ⑫-㉡

小(작을 소)는 '크기가 작다'는 뜻이고, 少(적을 소)는 '양이 적다'는 뜻이에요.

130

少

적을 소

자른 콩을 | 다시 잘라 | 남은 것이 적은 | 적을 소

한자 어휘 소년 少年 | 소액 少額 | 감소 減少

따라 쓰기 少

한자어 선 잇기

⑩ 少년 •
⑪ 少액 •
⑫ 감少 •

• ㉠ 적은 금액
• ㉡ 양이나 수가 줄어들어 적어짐
• ㉢ 나이가 적은 남자

한자 복습 121~130 **빈칸에 알맞은 한자, 훈(뜻)과 음(소리)을 채우세요.**

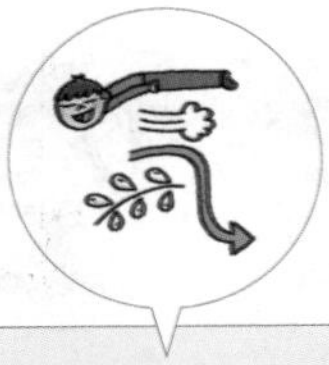

기운 기

來

날 출

林

쉴 휴

적을 소

마을 촌

不

가을 추

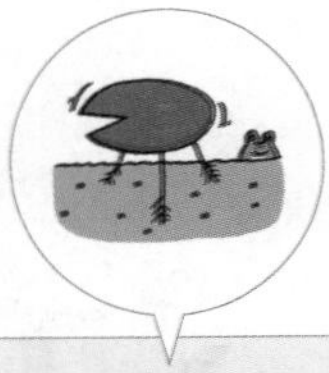

平

16일 차 7급 한자 익히기 131~140

'장인'은 손으로 물건 만드는 것을 업으로 하는 사람이에요.

131

工

장인 공

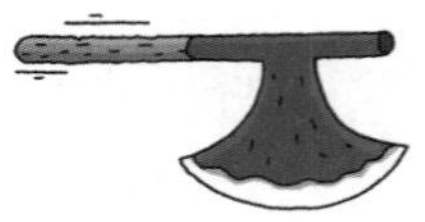

손잡이 | 도끼날 | 손도끼로 물건 만드는 | 장인 공

한자 어휘 공장 工場 | 목공 木工 | 인공지능 人工知能

따라 쓰기 工

한자어 선 잇기

① 工장 •
② 목工 •
③ 인工지능 •

• ㉠ 나무를 가공하여 물건을 만드는 일
• ㉡ 원료를 가공하여 물건을 만드는 장소
• ㉢ 인간이 만든 컴퓨터 지능

132

空

빌 공

집에 구멍을 | 손도끼로 뚫어 | 텅 빈 | 빌 공

한자 어휘 공기 空氣 | 공중 空中 | 공책 空冊

따라 쓰기 空

한자어 선 잇기

④ 空기 •
⑤ 空중 •
⑥ 空책 •

• ㉠ 하늘과 땅 사이 비어 있는 곳
• ㉡ 글씨를 쓰도록 칸을 비워 놓은 책
• ㉢ 지구를 둘러싼 빈 곳에 있는 기체

133

江

강 강

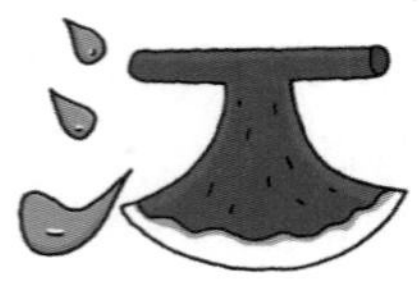

물이 | 도끼로 찍은 듯 | 갈라져 흐르는 | 강 강

한자 어휘 강변 江邊 | 강북 江北 | 강촌 江村

따라 쓰기 江

한자어 선 잇기

⑦ 江변 •
⑧ 江북 •
⑨ 江촌 •

• ㉠ 강가에 위치한 마을
• ㉡ 강의 북쪽 지역, 한강의 북쪽 지역
• ㉢ 강의 가장자리에 잇닿은 곳

정답 ①-㉡ ②-㉠ ③-㉢/ ④-㉢ ⑤-㉠ ⑥-㉡/ ⑦-㉢ ⑧-㉡ ⑨-㉠

어제 배운 한자 읽기 休 村 林 來 秋 氣 不 平 出 少

134

所

바 소

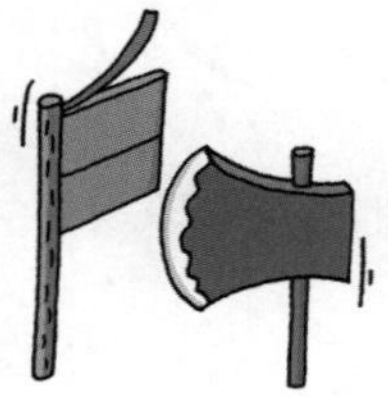

외짝 문 옆에 / 도끼 놓는 곳 / 바 소

한자 어휘 소감 所感 | 소원 所願 | 숙소 宿所

따라 쓰기 所

한자어 선 잇기

① 所감 • / • ㉠ 머물러 묵는 곳

② 所원 • / • ㉡ 마음에 느낀 바

③ 숙所 • / • ㉢ 마음으로 원하는 바

➡ 所(바 소)는 '~하는 것'을 말하는 '바'와 장소를 의미하는 '곳'이라는 뜻이 있어요.

135

力

힘 력

굽은 나무로 만든 / 쟁기로 / 힘써 일하는 / 힘 력

한자 어휘 국력 國力 | 부력 浮力 | 화력 火力

따라 쓰기 力

한자어 선 잇기

④ 국力 • / • ㉠ 불의 힘

⑤ 부力 • / • ㉡ 나라의 힘

⑥ 화力 • / • ㉢ 뜨는 힘

男(사내 남) ↔ 女(여자 녀)

136

男

사내 남

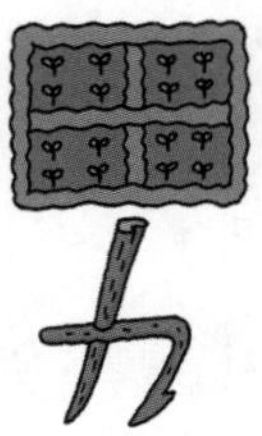

밭에서 / 힘써 일하는 / 사내 남

한자 어휘 남녀 男女 | 남매 男妹 | 처남 妻男

따라 쓰기 男

한자어 선 잇기

⑦ 男녀 • / • ㉠ 오빠와 누이, 누나와 남동생

⑧ 男매 • / • ㉡ 남자와 여자

⑨ 처男 • / • ㉢ 아내의 남자 형제

정답 ①-㉡ ②-㉢ ③-㉠/ ④-㉡ ⑤-㉢ ⑥-㉠/ ⑦-㉡ ⑧-㉠ ⑨-㉢

'모'는 구석이나 모퉁이, 귀퉁이를 말해요.

137

方

모 방

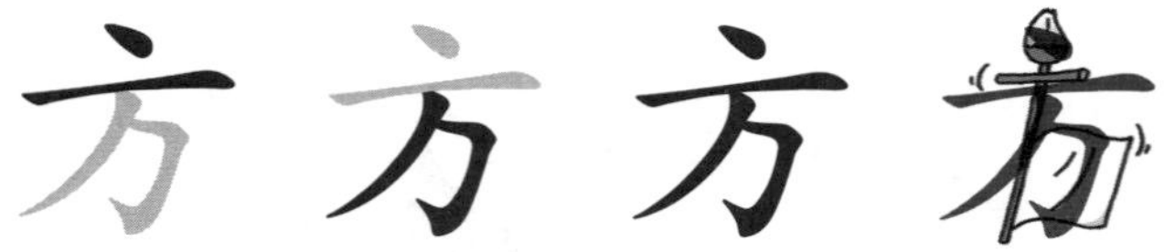

깃봉 아래 / 네모 깃발 / 네모 모양 / 모 방

한자 어휘 방법 方法 | 방언 方言 | 사방 四方

'방향', '지역'이라는 뜻도 있어요.

따라 쓰기 方

한자어 선 잇기

① 方법 •
② 方언 •
③ 사方 •

• ㉠ 어느 한 지역에서만 쓰는 말
• ㉡ 일을 해 나가는 방향과 법칙
• ㉢ 동·서·남·북 네 방향

가까운 것을 가리키는 其(그 기)

138

旗

기 기

깃발 들고 / 고개 숙여 / 그곳을 가리키는 / 기 기

한자 어휘 기수 旗手 | 국기 國旗 | 백기 白旗

따라 쓰기 旗

한자어 선 잇기

④ 旗수 •
⑤ 국旗 •
⑥ 백旗 •

• ㉠ 항복을 표시하는 흰 빛깔의 기
• ㉡ 나라를 상징하는 기
• ㉢ 기를 손에 들고 앞장서는 사람

139

車

수레 차

바퀴, 짐칸, 바퀴에 / 굴대 끼운 / 수레 차

한자 어휘 마차 馬車 | 열차 列車 | 자전거 自轉車

'거'로도 읽어요.

따라 쓰기 車

한자어 선 잇기

⑦ 마車 •
⑧ 열車 •
⑨ 자전車 •

• ㉠ 기관차에 여러 객차를 연결한 차
• ㉡ 사람이 페달을 밟아 움직이는 탈것
• ㉢ 말이 끄는 수레

정답 ①-㉡ ②-㉠ ③-㉢/ ④-㉢ ⑤-㉡ ⑥-㉠/ ⑦-㉢ ⑧-㉠ ⑨-㉡/ ⑩-㉢ ⑪-㉡ ⑫-㉠

실타래[幺]와 실마리[小]를
합친 糸(가는 실 사)

140

紙

종이 지

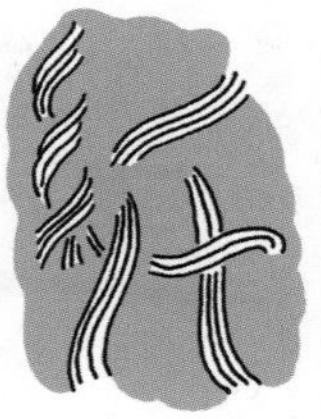

紙 紙 紙

가는 실을 | 뿌리 모양으로 | 물에 풀어 건져 말린 | 종이 지

한자 어휘 지폐 紙幣 | 벽지 壁紙 | 표지 表紙

따라 쓰기 紙

한자어 선 잇기

⑩ 紙폐 •
⑪ 벽紙 •
⑫ 표紙 •

• ㉠ 책의 맨 앞뒤의 겉 종이
• ㉡ 벽에 바르는 종이
• ㉢ 종이에 인쇄하여 만든 화폐

한자 복습 131~140 빈칸에 알맞은 한자, 훈(뜻)과 음(소리)을 채우세요.

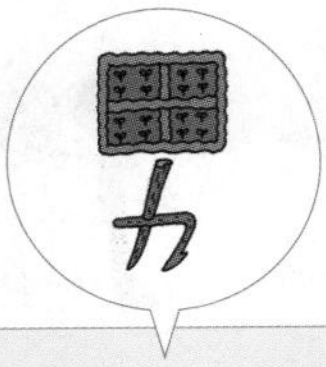
사내 남

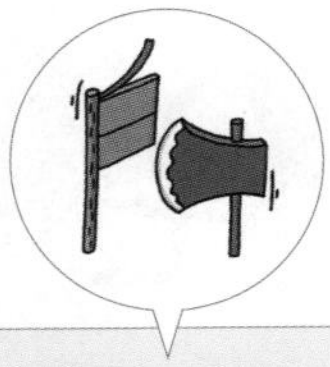
所

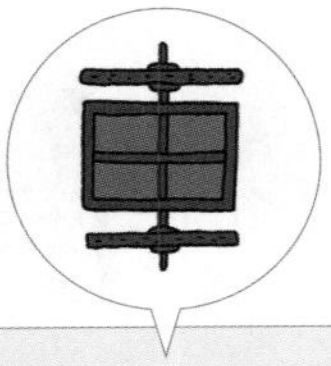
수레 차

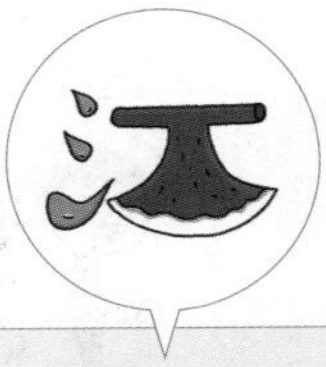
江

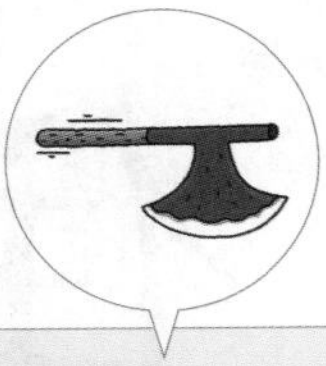
장인 공

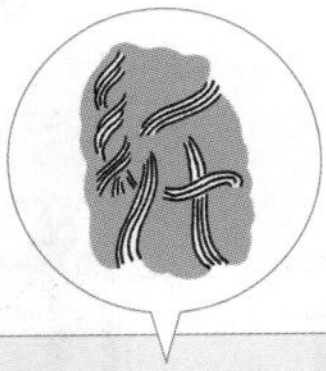
종이 지

旗

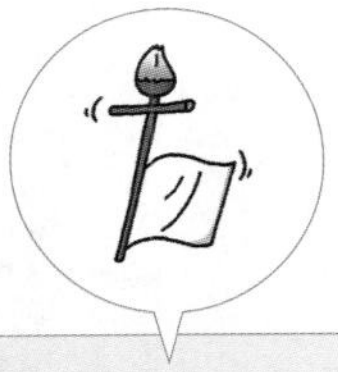
方

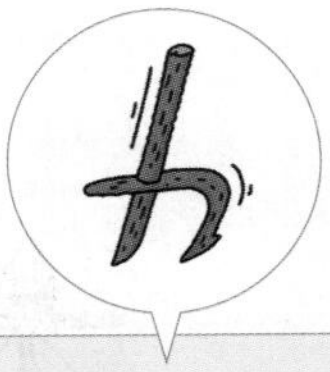
힘 력

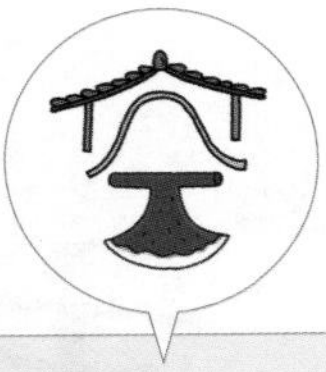
빌 공

141

主

주인 주

主 主 主 

촛불이 | 촛대 한가운데 | 주인처럼 빛을 내는 | 주인 주

한자 어휘 주연 主演 | 주인 主人 | 주제 主題

따라 쓰기 主

한자어 선 잇기

① 主연 •
② 主인 •
③ 主제 •

• ㉠ 대화의 중심이 되는 문제
• ㉡ 연극·영화의 중심이 되는 연기자
• ㉢ 집에서 중심이 되는 사람

142

住

살 주

住 住 住 

사람이 | 주인으로 | 머물러 사는 | 살 주

한자 어휘 주민 住民 | 의식주 衣食住 | 주택 住宅

따라 쓰기 住

한자어 선 잇기

④ 住민 •
⑤ 의식住 •
⑥ 住택 •

• ㉠ 일정한 주소나 거주지에 살고 있는 사람
• ㉡ 인간 생활의 3대 요소인 입을 것, 먹을 것, 살 곳
• ㉢ 사람이 살 수 있도록 지은 건물

'저자'는 가게 또는 시장을 이르는 말이에요.

143

市

저자 시

市 市 市 

깃봉 아래 | 수건 깃발 걸어놓고 | 물건 파는 가게 | 저자 시

한자 어휘 도시 都市 | 시장 市場 | 시민 市民

'시', '도시'라는 뜻도 있어요.

따라 쓰기 市

한자어 선 잇기

⑦ 도市 •
⑧ 市장 •
⑨ 市민 •

• ㉠ 가게가 모여 있는 장소
• ㉡ 사람이 많이 모여 큰 시장을 갖춘 지역
• ㉢ 시에 살고 있는 사람

정답 ①-㉡ ②-㉢ ③-㉠/ ④-㉠ ⑤-㉡ ⑥-㉢/ ⑦-㉡ ⑧-㉠ ⑨-㉢

어제 배운 한자 읽기 工空江所力男方旗車紙

144

里

마을 리

밭 갈고 / 흙을 일구며 살아가는 / 마을 리

한자 어휘 이정표 里程標 | 이장 里長 | 오리무중 五里霧中

(里長 — 행정구역)

따라 쓰기 里

한자어 선 잇기

① 里정표 • • ㉠ 오 리(五里)가 안개 속, 앞을 알 수 없음

② 里장 • • ㉡ 행정 구역 리(里)의 대표 어른

③ 오里무중 • • ㉢ 길의 거리가 몇 리(里)인지 알려주는 표지

➡ '里(리)'는 거리 단위로도 쓰는데 一里(1리)는 약 400m를 나타내요.

145

重

무거울 중

고개 숙여 팔 벌리고 / 자루에 / 흙을 담으니 / 무거울 중

한자 어휘 중량 重量 | 귀중 貴重 | 이중 二重

(二重 — '중요하다, 겹치다'라는 뜻도 있어요.)

따라 쓰기 重

한자어 선 잇기

④ 重량 • • ㉠ 귀하고 중요함

⑤ 귀重 • • ㉡ 두 번 거듭되어 겹침

⑥ 이重 • • ㉢ 물건의 무거운 정도

146

動

움직일 동

무거운 것을 / 힘써 옮겨 / 움직일 동

한자 어휘 동물 動物 | 감동 感動 | 활동 活動

따라 쓰기 動

한자어 선 잇기

⑦ 動물 • • ㉠ 깊이 느껴 마음이 움직임

⑧ 감動 • • ㉡ 움직이며 살아가는 생물

⑨ 활動 • • ㉢ 활발히 움직임

정답 ①-㉢ ②-㉡ ③-㉠/ ④-㉢ ⑤-㉠ ⑥-㉡/ ⑦-㉡ ⑧-㉠ ⑨-㉢

147

全

온전 전

全 全 全 全

집 안에 들여놓아야 | 구슬이 | 온전하니 | 온전 전

한자 어휘 전국 全國 | 전지전능 全知全能 | 전부 全部

'모든'이라는 뜻도 있어요.

따라 쓰기 全

한자어 선 잇기

① 全국 • • ㉠ 모든 것을 알고 모든 일을 할 수 있음
② 全부 • • ㉡ 모든 부분
③ 全지全능 • • ㉢ 나라 전체

答(대답 답) ↔ 問(물을 문)

148

答

대답 답

答 答 答 答

대쪽에 글 쓰고 | 합쳐 | 대답하니 | 대답 답

한자 어휘 답안지 答案紙 | 대답 對答 | 문답 問答

따라 쓰기 答

한자어 선 잇기

④ 答안지 • • ㉠ 물음에 대한 답
⑤ 대答 • • ㉡ 답이 되는 풀이를 적는 종이
⑥ 문答 • • ㉢ 물음과 대답

目은 셈하는 도구인 수판을 그린거예요.

149

算

셈 산

算 算 算 算

대쪽을 | 네모 반듯 쌓아 | 두 손으로 셈하는 | 셈 산

한자 어휘 계산 計算 | 검산 檢算 | 예산 豫算

따라 쓰기 算

한자어 선 잇기

⑦ 계算 • • ㉠ 미리 셈한 비용
⑧ 검算 • • ㉡ 수를 세거나 셈하는 것
⑨ 예算 • • ㉢ 계산이 맞는지 검사함

정답 ①-㉢ ②-㉡ ③-㉠/ ④-㉡ ⑤-㉠ ⑥-㉢/ ⑦-㉡ ⑧-㉢ ⑨-㉠/ ⑩-㉢ ⑪-㉠ ⑫-㉡

머리를 땋아 올린 여자를 그린
婁(거듭 루)

150

數

셈 수

數	數	數	數
머리를 거듭 땋아 올리고	막대로 헤아리며	셈하는	셈 수

한자 어휘 수량 數量 | 획수 劃數 | 수학 數學

따라 쓰기 數

한자어 선 잇기

⑩ 數량 •
⑪ 획數 •
⑫ 數학 •

• ㉠ 글자 획의 수
• ㉡ 수에 관해 배우는 교과목
• ㉢ 수와 분량

한자 복습 141~150 빈칸에 알맞은 한자, 훈(뜻)과 음(소리)을 채우세요.

(빈칸)

움직일 동

里

(빈칸)

數

(빈칸)

市

(빈칸)

(빈칸)

주인 주

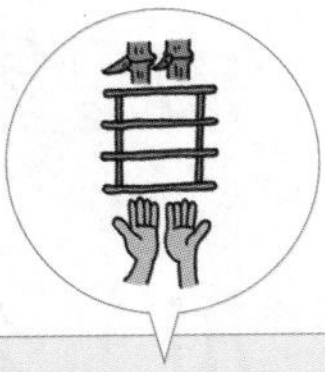

(빈칸)

셈 산

(빈칸)

살 주

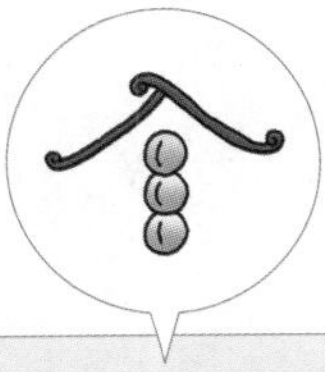

全

(빈칸)

(빈칸)

무거울 중

答

(빈칸)

18일 차 7급 한자 복습하기 101~150

선 잇기 한자를 보고 해당하는 한자 풀이말을 찾아 선으로 이으세요.

1	旗	• 숨결은 쌀을 먹어야 나오는 기운이니 **기운** 기
2	電	• 흙 있고 해 아래 깃발이 나부끼는 **마당** 장
3	少	• 바퀴, 짐칸, 바퀴에 굴대 끼운 **수레** 차
4	場	• 비 올 때 하늘이 갈라지며 번쩍 내리치는 **번개** 전
5	氣	• 자른 콩을 다시 잘라 남은 것이 적은 **적을** 소
6	車	• 깃발 들고 고개 숙여 그곳을 가리키는 **기** 기

한자찾기 훈음을 보고 해당하는 한자를 찾아 ○하세요.

1 봄 춘 時 間 春

2 저자 시 里 主 市

3 마을 촌 休 村 林

4 땅 지 地 世 百

5 빌 공 空 江 所

6 셈 산 算 答 數

7 농사 농 農 物 家

8 이름 명 夕 川 名

9 사내 남 男 力 方

10 가을 추 來 秋 氣

훈음쓰기 한자의 훈음을 쓰세요.

1 休 (　　　　　　)
2 工 (　　　　　　)
3 午 (　　　　　　)
4 重 (　　　　　　)
5 物 (　　　　　　)
6 數 (　　　　　　)
7 夕 (　　　　　　)
8 所 (　　　　　　)
9 林 (　　　　　　)
10 然 (　　　　　　)

한자읽기 문장을 읽고, 밑줄 친 한자 어휘는 한글로 쓰세요.

1 소방관들이 급히 <u>출動</u>해 불을 껐습니다.
2 오늘 체육 수업 <u>時간</u>에 줄넘기를 했습니다.
3 그녀는 <u>백紙</u> 위에 뭔가를 적었습니다.
4 <u>來일</u> 지각하지 않도록 일찍 자야합니다.
5 사람의 목숨은 <u>千금</u>을 주고도 살 수 없습니다.
6 <u>住민</u>센터 방문을 환영합니다.

6급 신출 한자 미리보기

19 일차	太	交	言	信	訓	讀	計	音	意	章
	클 태	사귈 교	말씀 언	믿을 신	가르칠 훈	읽을 독	셀 계	소리 음	뜻 의	글 장
20 일차	古	苦	書	晝	畫	圖	急	級	服	發
	예 고	쓸 고	글 서	낮 주	그림 화	그림 도	급할 급	등급 급	옷 복	쏠 발
21 일차	目	現	行	術	各	路	愛	庭	定	題
	눈 목	나타날 현	다닐 행	재주 술	각각 각	길 로	사랑 애	뜰 정	정할 정	제목 제
22 일차	作	昨	根	銀	頭	短	失	球	公	共
	지을 작	어제 작	뿌리 근	은 은	머리 두	짧을 단	잃을 실	공 구	공평할 공	한가지 공
23 일차	病	醫	死	例	始	飮	身	者	使	號
	병 병	의원 의	죽을 사	법식 례	비로소 시	마실 음	몸 신	놈 자	하여금 사	이름 호

25 일차	本	朴	果	樹	由	油	新	親	速	近
	근본 본	성 박	실과 과	나무 수	말미암을 유	기름 유	새 신	친할 친	빠를 속	가까울 근
26 일차	李	陽	郡	部	才	在	利	和	科	米
	오얏 리	볕 양	고을 군	떼 부	재주 재	있을 재	이할 리	화할 화	과목 과	쌀 미
27 일차	童	理	野	界	淸	綠	英	永	注	溫
	아이 동	다스릴 리	들 야	지경 계	맑을 청	푸를 록	꽃부리 영	길 영	부을 주	따뜻할 온
28 일차	光	明	朝	夜	石	反	黃	雪	半	班
	빛 광	밝을 명	아침 조	밤 야	돌 석	돌이킬 반	누를 황	눈 설	반 반	나눌 반
29 일차	洋	美	集	多	習	弱	角	番	風	窓
	큰 바다 양	아름다울 미	모을 집	많을 다	익힐 습	약할 약	뿔 각	차례 번	바람 풍	창 창

31 일차	衣	表	遠	園	線	孫	合	會	今	區
	옷 의	겉 표	멀 원	동산 원	줄 선	손자 손	합할 합	모일 회	이제 금	구분할 구
32 일차	京	高	向	堂	席	度	社	神	禮	體
	서울 경	높을 고	향할 향	집 당	자리 석	법도 도	모일 사	귀신 신	예도 례	몸 체
33 일차	代	式	成	感	戰	勝	分	別	幸	形
	대신할 대	법 식	이룰 성	느낄 감	싸움 전	이길 승	나눌 분	나눌 별	다행 행	모양 형
34 일차	用	通	勇	功	強	第	放	族	業	對
	쓸 용	통할 통	날랠 용	공 공	강할 강	차례 제	놓을 방	겨레 족	업 업	대할 대
35 일차	聞	開	待	特	等	運	省	消	樂	藥
	들을 문	열 개	기다릴 대	특별할 특	무리 등	옮길 운	살필 성	사라질 소	즐길 락	약 약

셋째 마당

초등 한자의 완성,
6급 한자 150자

셋째 마당에서는 6급 신출 한자 150자를 배웁니다. 6급 한자는 연관있는 한자를 이어서 외우도록 배치했습니다. 예를 들어 書(글 서), 晝(낮 주), 畫(그림 화) 순으로 배치되어 있어 효율적으로 공부할 수 있어요.
이번 마당을 통해 초등 한자를 완성하는 6급 한자를 완벽하게 익혀 보세요!

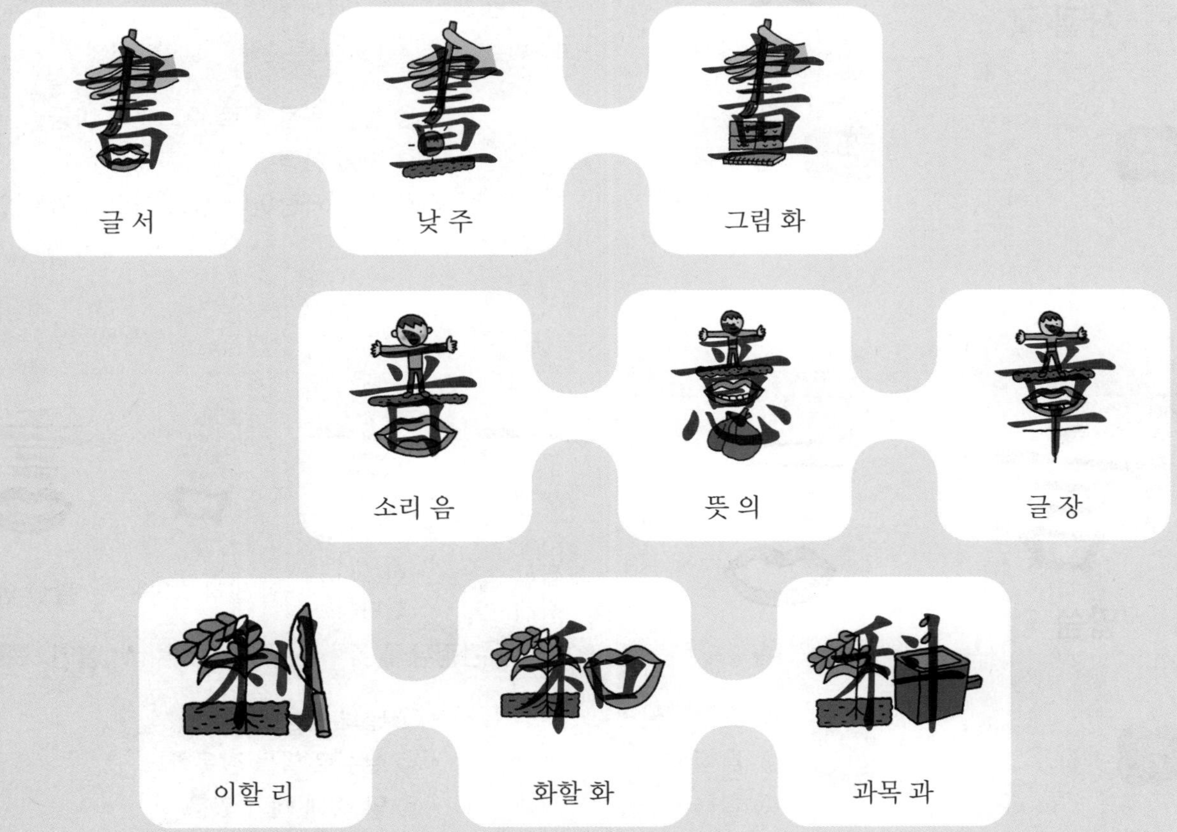

19일 차 6급 한자 익히기 151~160

大(큰 대)와 太(클 태) 둘 다 '크다'는 뜻이에요.

151

太

클 태

太 太 

큰 사람에 | 점 하나를 더 찍은 | 클 태

한자 어휘 태양 太陽 | 태평양 太平洋 | 태초 太初

'처음', '첫째'라는 뜻도 있어요.

따라 쓰기 太

한자어 선 잇기

① 太양 •   • ㉠ 오대양 중 하나를 이루는 큰 바다
② 太평양 •   • ㉡ 우주가 맨 처음 시작된 때
③ 太초 •   • ㉢ 큰 빛을 스스로 내는 태양계의 중심

152

交

사귈 교

交 交 

머리 들고 팔 벌린 채 | 다리 엇걸고 서로 만나는 | 사귈 교

한자 어휘 교우 交友 | 교통 交通 | 교환 交換

'서로'라는 뜻도 있어요.

따라 쓰기 交

한자어 선 잇기

④ 交우 •   • ㉠ 물건 등을 서로 주고받아 바꿈
⑤ 交통 •   • ㉡ 벗을 사귐
⑥ 交환 •   • ㉢ 차로 사람이나 짐이 서로 오가는 일

뜻이 비슷한 한자
言 (말씀 언) 語 (말씀 어) 話 (말씀 화)

153

言

말씀 언

言 言 言 

짧고 길게 | 한마디 한마디 | 입 벌려 말하는 | 말씀 언

한자 어휘 언중유골 言中有骨 | 언행 言行 | 실언 失言

따라 쓰기 言

한자어 선 잇기

⑦ 言중유골 •   • ㉠ 말과 행동
⑧ 言행 •   • ㉡ 실수로 말을 잘못함
⑨ 실言 •   • ㉢ 말 속에 뼈가 있음

정답 ①-㉢ ②-㉠ ③-㉡/ ④-㉡ ⑤-㉢ ⑥-㉠/ ⑦-㉢ ⑧-㉠ ⑨-㉡

154

信
믿을 신

信 信 

사람의 / 말을 / 믿을 신

한자 어휘 신념 信念 | 신용 信用 | 확신 確信

따라 쓰기 信

한자어 선 잇기

① 信념 •
② 信용 •
③ 확信 •

• ㉠ 믿고 의심하지 않음, 평판이 좋음
• ㉡ 굳게 믿음
• ㉢ 굳게 믿는 마음, 변치 않는 생각

냇물이 흐르는 모양을 나타낸 川(내 천)

155

訓
가르칠 훈

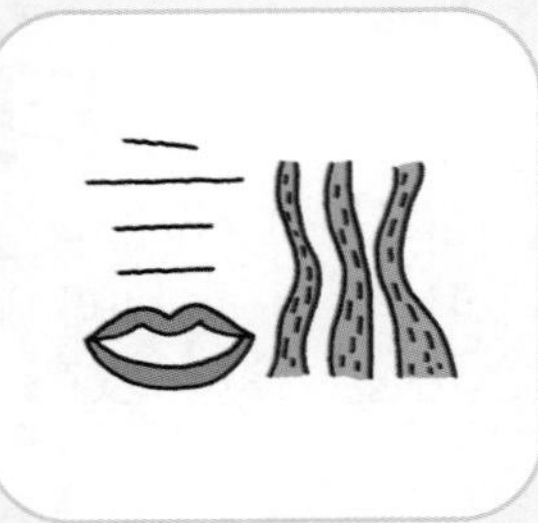

訓 訓 

말을 / 냇물 흐르듯 줄줄 하며 / 가르칠 훈

한자 어휘 훈민정음 訓民正音 | 훈련 訓鍊 | 교훈 校訓

따라 쓰기 訓

한자어 선 잇기

④ 訓민정음 •
⑤ 訓련 •
⑥ 교訓 •

• ㉠ 백성을 가르치는 바른 소리, 우리나라 글자
• ㉡ 학교의 교육 목표를 나타내는 가르침
• ㉢ 가르치고 연습시켜 익히게 함

士(선비 사) + 四(넉 사)

돈을 뜻하는 貝(조개 패)

156

讀
읽을 독

讀 讀 讀 

말하며 / 선비가 책을 네 구절씩 / 돈 세듯 / 읽을 독

한자 어휘 독서 讀書 | 독후감 讀後感 | 다독 多讀

따라 쓰기 讀

한자어 선 잇기

⑦ 讀서 •
⑧ 讀후감 •
⑨ 다讀 •

• ㉠ 책을 읽고 난 뒤의 느낌
• ㉡ 책을 읽음
• ㉢ 많이 읽음

정답 ①-㉢ ②-㉠ ③-㉡/ ④-㉠ ⑤-㉢ ⑥-㉡/ ⑦-㉡ ⑧-㉠ ⑨-㉢

157

計

셀 계

計 計 

말하며 / 열씩 묶어 수를 세는 / 셀 계

한자 어휘 계산 計算 | 시계 時計 | 계획 計劃

'헤아리다'라는 뜻도 있어요.

따라 쓰기 計

한자어 선 잇기

① 計산 •
② 시計 •
③ 計획 •

• ㉠ 수를 세거나 셈하는 것
• ㉡ 시간을 계산하여 나타내는 기계 장치
• ㉢ 할 일의 순서나 방법을 헤아려 구상함

팔 벌린 채 두 다리를 땅에 딛고 선 사람을 나타낸 立(설 립)

158

音

소리 음

音 音 

사람이 서서 / 입으로 소리 내는 / 소리 음

한자 어휘 음독 音讀 | 음색 音色 | 녹음 錄音

따라 쓰기 音

한자어 선 잇기

④ 音독 •
⑤ 音색 •
⑥ 녹音 •

• ㉠ 소리를 기록함
• ㉡ 소리 내어 읽음
• ㉢ 소리의 빛깔, 음의 독특한 색깔

159

意

뜻 의

意 意 

소리 내어 / 마음을 표현하는 / 뜻 의

한자 어휘 의견 意見 | 의욕 意欲 | 합의 合意

따라 쓰기 意

한자어 선 잇기

⑦ 意견 •
⑧ 意욕 •
⑨ 합意 •

• ㉠ 하고자 하는 적극적인 뜻
• ㉡ 뜻과 견해
• ㉢ 서로 뜻을 합하여 맞춤

정답 ①-㉠ ②-㉡ ③-㉢/ ④-㉡ ⑤-㉢ ⑥-㉠/ ⑦-㉡ ⑧-㉠ ⑨-㉢/ ⑩-㉠ ⑪-㉢ ⑫-㉡

160

章
글 장

章 章

소리를 | 열 마디씩 모아 쓰는 | 글 장

한자 어휘 문장 文章 | 악장 樂章 | 초장 初章

따라 쓰기 章

한자어 선 잇기

⑩ 문章 •
⑪ 악章 •
⑫ 초章 •

• ㉠ 글이 완결된 내용을 갖는 최소 단위
• ㉡ 악곡이나 시조의 첫째 장
• ㉢ 음악이 완결된 내용을 갖는 작은 악곡

한자 복습 151~160 빈칸에 알맞은 한자, 훈(뜻)과 음(소리)을 채우세요.

讀

信

글 장

言

클 태

뜻 의

交

計

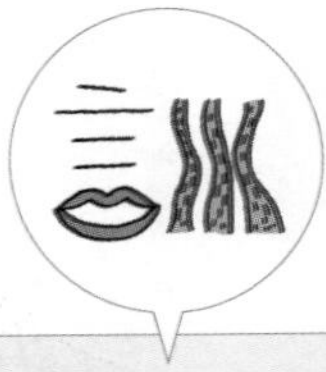

가르칠 훈

소리 음

20일 차 6급 한자 익히기 161~170

161

古

예 고

古 古 

십 년 넘게 / 입으로 전해지는 / 예 고

한자 어휘 고궁 古宮 | 고대 古代 | 고전 古典

따라 쓰기 古

한자어 선 잇기

① 古궁 •
② 古대 •
③ 古전 •

• ㉠ 옛 시대
• ㉡ 옛날부터 많이 읽히고 모범이 되는 책
• ㉢ 옛 궁궐

艹(풀 초)와 古(예 고)를 더한 글자예요.
오래 자란 풀은 맛이 쓰답니다.

162

苦

쓸 고

苦 苦 

풀이 / 오래 자라 맛이 쓴 / 쓸 고

한자 어휘 고배 苦杯 | 고통 苦痛 | 병고 病苦

'괴로움'이라는 뜻도 있어요.

따라 쓰기 苦

한자어 선 잇기

④ 苦배 •
⑤ 苦통 •
⑥ 병苦 •

• ㉠ 괴로움과 아픔
• ㉡ 병으로 인한 괴로움
• ㉢ 쓴 술이 든 잔, 괴롭고 쓰린 경험

163

書

글 서

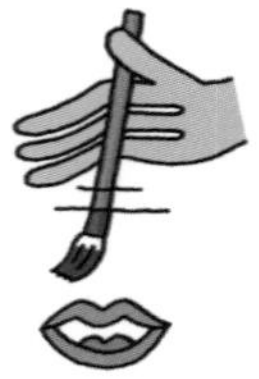

書 書 書 

손가락 구부려 / 붓 잡고 / 말을 받아쓰는 / 글 서

한자 어휘 서기 書記 | 도서 圖書 | 독서 讀書

따라 쓰기 書

한자어 선 잇기

⑦ 書기 •
⑧ 도書 •
⑨ 독書 •

• ㉠ 그림을 그리거나 글을 적어 묶은 것
• ㉡ 글을 적어 기록하는 사람
• ㉢ 글이 적힌 책을 읽음

정답 ①-㉢ ②-㉠ ③-㉡/ ④-㉢ ⑤-㉠ ⑥-㉡/ ⑦-㉡ ⑧-㉠ ⑨-㉢

164

晝

낮 주

晝 晝 晝 晝

손가락 구부려 | 붓을 잡듯 | 해를 땅 위에 붙잡는 | 낮 주

한자 어휘 주간 晝間 | 주경야독 晝耕夜讀 | 백주 白晝

따라 쓰기 晝

한자어 선 잇기

① 晝간 •
② 晝경야독 •
③ 백晝 •

• ㉠ 낮 동안
• ㉡ 하얗게 밝은 대낮
• ㉢ 낮에는 밭을 갈고 밤에는 책을 읽음

모양이 비슷한 한자는 같이 외워요.

書 (글 서) 晝 (낮 주) 畫 (그림 화)

165

畫

그림 화

畫 畫 畫

손으로 붓을 잡고 | 밭을 종이에 그리는 | 그림 화

한자 어휘 화가 畫家 | 화실 畫室 | 벽화 壁畫

따라 쓰기 畫

한자어 선 잇기

④ 畫가 •
⑤ 畫실 •
⑥ 벽畫 •

• ㉠ 그림 그리는 방
• ㉡ 건물이나 동굴 등의 벽에 그린 그림
• ㉢ 그림 그리는 사람

圖(그림 도)는 커다란 네모 안에 '모'를 쓰고 그 아래에 '回'를 쓰면 돼요.

166

圖

그림 도

圖 圖 圖 圖

마을 안의 | 창고와 | 지붕 아래의 창문을 그리는 | 그림 도

한자 어휘 도표 圖表 | 도형 圖形 | 지도 地圖

따라 쓰기 圖

한자어 선 잇기

⑦ 圖표 •
⑧ 圖형 •
⑨ 지圖 •

• ㉠ 그림으로 나타낸 표
• ㉡ 땅의 표면을 종이에 그린 그림
• ㉢ 그림의 모양, 수학에서 사각형, 원, 등의 형태

정답 ①-㉠ ②-㉢ ③-㉡/ ④-㉢ ⑤-㉠ ⑥-㉡/ ⑦-㉠ ⑧-㉢ ⑨-㉡

167

急

급할 급

急 急 急 

몸 구부린 사람을 | 손으로 잡을 만큼 | 급한 마음을 나타내는 | 급할 급

한자 어휘 급류 急流 | 급속 急速 | 위급 危急

따라 쓰기 急

한자어 선 잇기

① 急류 • • ㉠ 급하고 빠름
② 急속 • • ㉡ 위태롭고 급함
③ 위急 • • ㉢ 급하게 흐르는 물

168

級

등급 급

級 級 

베를 짤 때 쓰이는 실의 | 수준을 나타내는 | 등급 급

한자 어휘 등급 等級 | 고급 高級 | 특급 特級

따라 쓰기 級

한자어 선 잇기

④ 등級 • • ㉠ 무리를 여러 단계로 구별하여 급을 나눔
⑤ 고級 • • ㉡ 특별한 계급
⑥ 특級 • • ㉢ 높은 등급

服(복)은 옷 외에도
'(약을) 먹다, 따르다' 등의 다양한 뜻도 있어요.

169

服

옷 복

服 服 服 

달빛 아래 | 허리 굽히고 | 손으로 입는 | 옷 복

한자 어휘 복장 服裝 | 복용 服用 | 복종 服從

따라 쓰기 服

한자어 선 잇기

⑦ 服장 • • ㉠ 옷을 차려입은 모양 또는 그 옷
⑧ 服용 • • ㉡ 남의 명령이나 의견을 그대로 따름
⑨ 服종 • • ㉢ 약을 먹음

정답 ①-㉢ ②-㉠ ③-㉡/ ④-㉠ ⑤-㉢ ⑥-㉡/ ⑦-㉠ ⑧-㉢ ⑨-㉡/ ⑩-㉡ ⑪-㉠ ⑫-㉢

發(발)은 '피다'라는 뜻의 '필 발'이라는 훈음도 있어요.

170

發

쓸 발

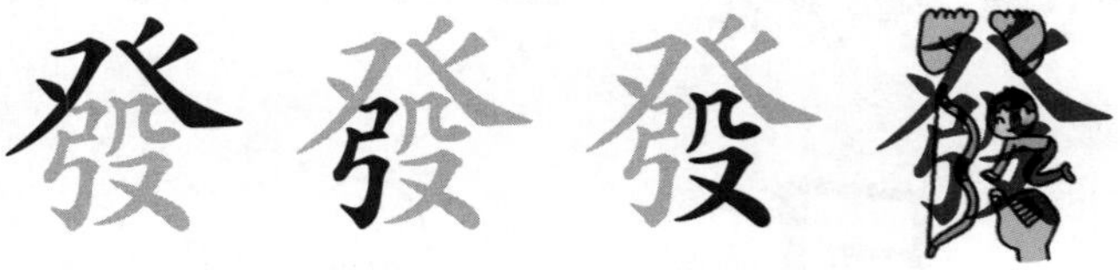

두 발 딛고 서서 | 활을 | 몸 굽혀 손에 잡고 | 쓸 발

한자 어휘 발포 發砲 | 발행 發行 | 출발 出發

따라 쓰기 發

한자어 선 잇기

- ⑩ 發포 •
- ⑪ 發행 •
- ⑫ 출發 •

- • ㉠ 책이나 신문 등을 인쇄하여 펴냄
- • ㉡ 총이나 대포를 쏨
- • ㉢ 활 쏘듯 어떤 일을 시작하여 나아감

한자 복습 161~170 빈칸에 알맞은 한자, 훈(뜻)과 음(소리)을 채우세요.

	晝		書	
그림 도		옷 복		예 고

	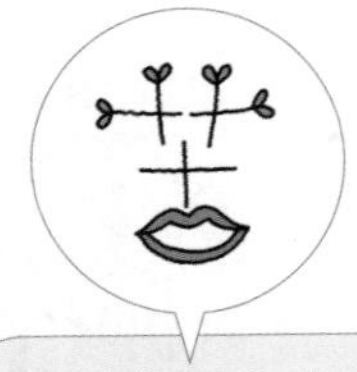			
		急		級
쓸 발	쓸 고		그림 화	

21일 차 6급 한자 익히기 171~180

171

目

눈 목

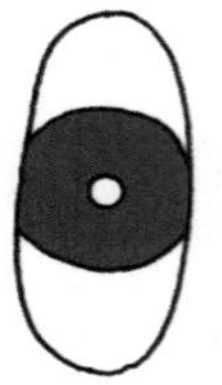

눈의 | 눈동자를 그린 | 눈 목

한자 어휘 목적 目的 | 목불인견 目不忍見 | 주목 注目

따라 쓰기 目

한자어 선 잇기

① 目적 •
② 目불인견 •
③ 주目 •

• ㉠ 주의 깊게 눈으로 살핌
• ㉡ 이루고자 하는 일을 눈앞에 뚜렷하게 그려보는 것
• ㉢ 눈 뜨고 차마 볼 수 없음

玉(구슬 옥)이
부수로 쓰일 때는 '王'으로 표기해요.

172

現

나타날 현

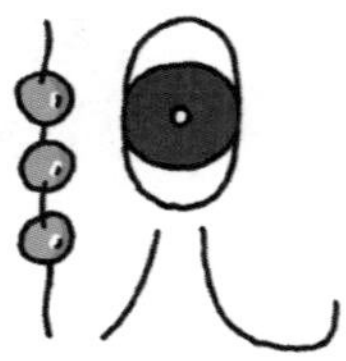

구슬을 | 바라보면 고운 빛이 | 나타날 현

한자 어휘 현상 現狀 | 현실 現實 | 표현 表現

따라 쓰기 現

한자어 선 잇기

④ 現상 •
⑤ 現실 •
⑥ 표現 •

• ㉠ 겉으로 드러내어 나타냄
• ㉡ 눈앞에 존재하는 실제
• ㉢ 현재 눈앞에 나타난 상황

173

行

다닐 행

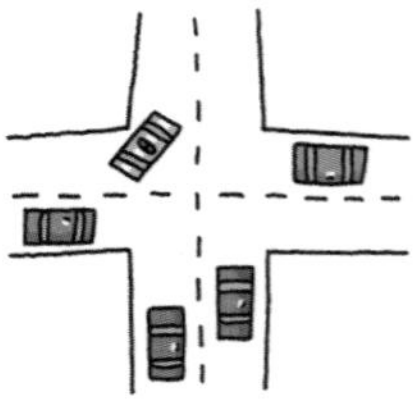

사거리의 왼쪽과 | 오른쪽으로 | 다닐 행

한자 어휘 행동 行動 | 통행 通行 | 행진 行進

'나아가다'라는 뜻도 있어요.

따라 쓰기 行

한자어 선 잇기

⑦ 行동 •
⑧ 통行 •
⑨ 行진 •

• ㉠ 줄지어 앞으로 나아감
• ㉡ 다니며 움직임
• ㉢ 길로 통하여 다님

정답 ①-㉡ ②-㉢ ③-㉠/ ④-㉢ ⑤-㉡ ⑥-㉠/ ⑦-㉡ ⑧-㉢ ⑨-㉠

174

術

재주 술

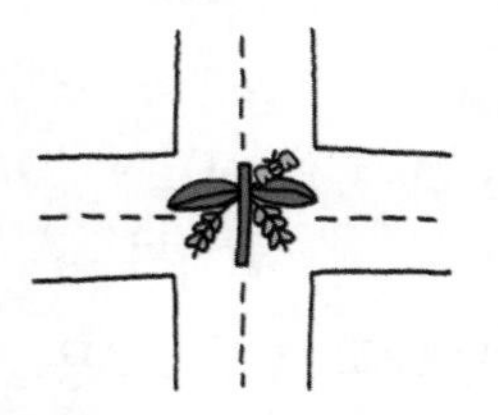

術 術 術 術

사거리에서 / 좁쌀이 술술 나오게 하듯 / 어려운 일을 해내는 / 재주 술

한자 어휘 의술 醫術 | 미술 美術 | 기술 技術

따라 쓰기 術

한자어 선 잇기

① 의術 •
② 미術 •
③ 기術 •

• ㉠ 무엇을 만들거나 다루는 재주
• ㉡ 병을 고치는 기술
• ㉢ 아름다움을 표현하는 방법이나 기술

夊(뒤져올 치)는 아래로 향하는 발을 그려 내려오거나 뒤처져 오는 걸 나타내요.

175

各

각각 각

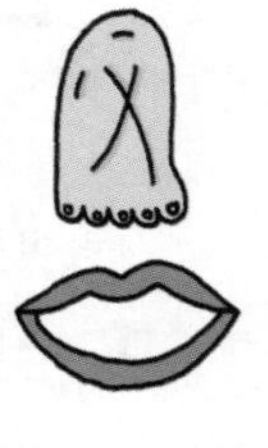

各 各 各

이쪽저쪽으로 갈라져 제각각 / 입 열고 말하는 / 각각 각

한자 어휘 각양각색 各樣各色 | 각국 各國 | 각자 各自

따라 쓰기 各

한자어 선 잇기

④ 各양各색 •
⑤ 各국 •
⑥ 各자 •

• ㉠ 각각의 자기 자신
• ㉡ 각각 다른 모양과 색깔
• ㉢ 각각의 나라

足(발 족)이 부수로 쓰일 때는 '⻊'로 표기해요.

176

路

길 로

路 路 路

발길에 따라 / 각각 만들어지는 / 길 로

한자 어휘 노면 路面 | 진로 進路 | 통로 通路

따라 쓰기 路

한자어 선 잇기

④ 路면 •
⑤ 진路 •
⑥ 통路 •

• ㉠ 앞으로 나아갈 길
• ㉡ 통하여 막힘없이 다니는 길
• ㉢ 길의 표면

정답 ①-㉡ ②-㉢ ③-㉠/ ④-㉡ ⑤-㉢ ⑥-㉠/ ⑦-㉢ ⑧-㉠ ⑨-㉡

177

愛

사랑 애

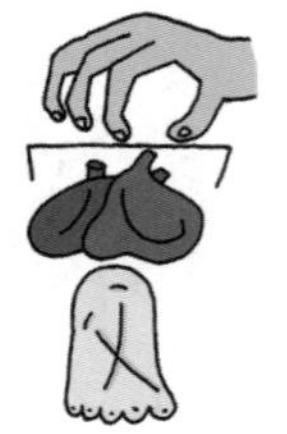

愛 愛 愛

손가락 모아 가슴을 덮고 / 마음 졸이며 / 사랑하는 사람의 뒤를 따르는 / 사랑 애

한자 어휘 애국 愛國 | 애용 愛用 | 친애 親愛

'좋아하다'라는 뜻도 있어요.

따라 쓰기 愛

한자어 선 잇기

① 愛국 •	• ㉠ 좋아하여 자주 사용함
② 愛용 •	• ㉡ 친밀히 사랑함
③ 친愛 •	• ㉢ 나라를 사랑하는 마음

178

庭

뜰 정

庭 庭 庭

큰 집 뜰에서 / 배 불룩한 사람이 / 느릿느릿 걷는 / 뜰 정

한자 어휘 정원 庭園 | 가정 家庭 | 교정 校庭

따라 쓰기 庭

한자어 선 잇기

④ 庭원 •	• ㉠ 가족이 생활하는 집안
⑤ 가庭 •	• ㉡ 집 안의 뜰이나 꽃밭
⑥ 교庭 •	• ㉢ 학교의 뜰이나 운동장

⻊(발 소)는 足(발 족)과 의미가 같아요.

179

定

정할 정

定 定

집 안으로 / 한 발 디뎌 머물 곳을 정하는 / 정할 정

한자 어휘 정가 定價 | 정원 定員 | 확정 確定

따라 쓰기 定

한자어 선 잇기

⑦ 定가 •	• ㉠ 정해진 인원
⑧ 定원 •	• ㉡ 정해진 가격
⑨ 확定 •	• ㉢ 확실하게 정함

정답 ①-㉢ ②-㉠ ③-㉡/ ④-㉡ ⑤-㉠ ⑥-㉢/ ⑦-㉡ ⑧-㉠ ⑨-㉢/ ⑩-㉠ ⑪-㉡ ⑫-㉢

해(日)를 향해 한 발(一足)
바르게 디디는 모습을 나타낸 是(옳을 시)

180

題

제목 제

題 題 

올바르게 글머리에 붙이는 제목 제

한자 어휘 주제 主題 | 문제 問題 | 제목 題目

따라 쓰기 題

한자어 선 잇기

⑩ 주題 •
⑪ 문題 •
⑫ 題목 •

• ㉠ 주가 되는 제목
• ㉡ 해답을 얻으려고 하는 질문
• ㉢ 글이나 작품에서 그 내용을 대표하는 이름

한자 복습 171~180 빈칸에 알맞은 한자, 훈(뜻)과 음(소리)을 채우세요.

길 로

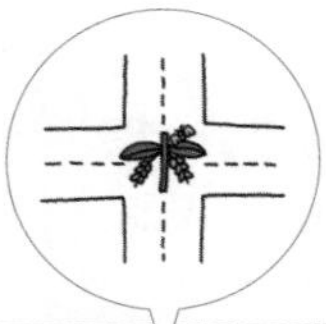

術

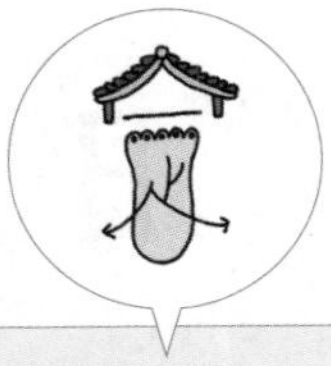

정할 정

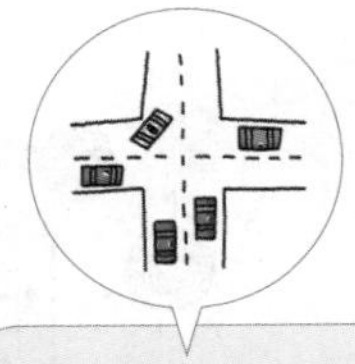

行

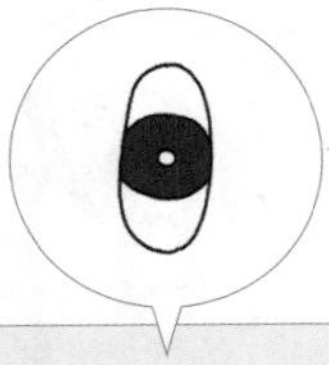

눈 목

제목 제

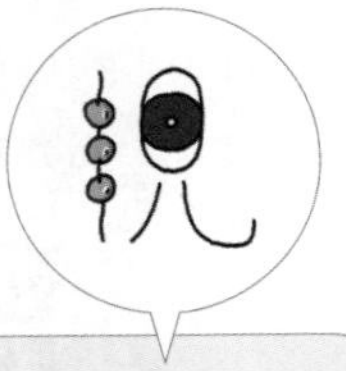

나타날 현

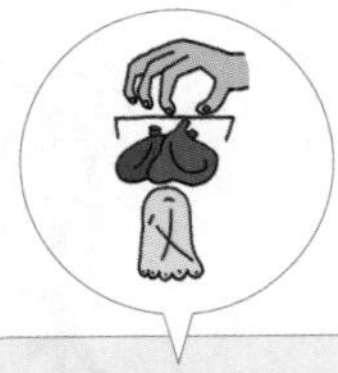

愛

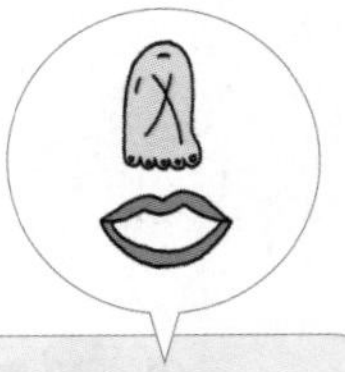

각각 각

庭

22일 차 6급 한자 익히기 181~190

181

作

지을 작

作 사람이 / 作 고개 숙이고 / 作 막대를 붙여 만드는 / 지을 작

(한자 어휘) 작가 作家 | 작곡 作曲 | 창작 創作

따라 쓰기 作

한자어 선 잇기

① 作가 •
② 作곡 •
③ 창作 •

• ㉠ 처음으로 지어 만듦
• ㉡ 음악의 곡조를 지어 만듦
• ㉢ 시나 소설 등을 짓는 사람

182

昨

어제 작

昨 해가 / 昨 고개 숙이고 저물어 / 昨 만드는 / 어제 작

(한자 어휘) 작금 昨今 | 작년 昨年 | 작일 昨日

따라 쓰기 昨

한자어 선 잇기

④ 昨금 •
⑤ 昨년 •
⑥ 昨일 •

• ㉠ 지난해
• ㉡ 어제와 오늘, 요즈음
• ㉢ 어제

183

根

뿌리 근

뒤돌아보는 사람을 나타낸 艮(뒤돌아볼 간)

根 나무가 / 根 뒤돌아 땅속에 뻗어 내리는 / 뿌리 근

(한자 어휘) 근간 根幹 | 모근 毛根 | 어근 語根

따라 쓰기 根

한자어 선 잇기

⑦ 根간 •
⑧ 모根 •
⑨ 어根 •

• ㉠ 털의 뿌리, 털이 피부에 박힌 부분
• ㉡ 뿌리와 줄기, 사물의 중심
• ㉢ 말의 뿌리, 실질적 의미를 나타내는 중심 단어

정답 ①-㉢ ②-㉡ ③-㉠/ ④-㉡ ⑤-㉠ ⑥-㉢/ ⑦-㉡ ⑧-㉠ ⑨-㉢

184

銀

은 은

銀 銀

쇠붙이 중에 예뻐서 | 뒤돌아보게 되는 | 은 은

한자 어휘 은하수 銀河水 | 은화 銀貨 | 은장도 銀粧刀

따라 쓰기 銀

한자어 선 잇기

① 銀하수 •
② 銀화 •
③ 銀장도 •

• ㉠ 은으로 된 칼집이 있는 작은 칼
• ㉡ 은빛 강물처럼 빛나는 별 무리
• ㉢ 은으로 만든 돈

머리에 있는 이마, 코, 목을 뜻하는 頁(머리 혈)

185

頭

머리 두

頭 頭

뚜껑 있는 제사 그릇과 | 사람 머리 모양이 비슷한 | 머리 두

한자 어휘 두뇌 頭腦 | 두통 頭痛 | 선두 先頭

'맨 앞'이라는 뜻도 있어요.

따라 쓰기 頭

한자어 선 잇기

④ 頭뇌 •
⑤ 頭통 •
⑥ 선頭 •

• ㉠ 머리뼈 안에 있는 신경 기관
• ㉡ 행렬의 맨 앞
• ㉢ 머리가 아픈 증상

화살촉과 화살대를 묘사한 矢(화살 시)

186

短

짧을 단

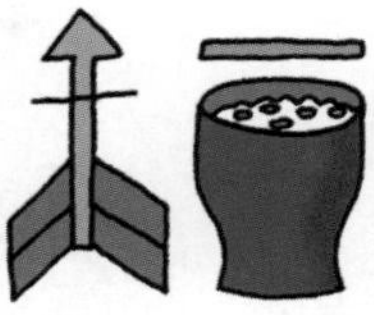

短 短

길이 짧은 화살과 | 높이 낮은 제사 그릇이 합쳐져 | 짧을 단

한자 어휘 단축 短縮 | 단편 短篇 | 장단 長短

따라 쓰기 短

한자어 선 잇기

⑦ 短축 •
⑧ 短편 •
⑨ 장短 •

• ㉠ 길고 짧음
• ㉡ 짧은 작품
• ㉢ 시간이나 거리가 짧게 줄어듦

정답 ①-㉡ ②-㉢ ③-㉠/ ④-㉠ ⑤-㉢ ⑥-㉡/ ⑦-㉢ ⑧-㉡ ⑨-㉠

187

失

잃을 실

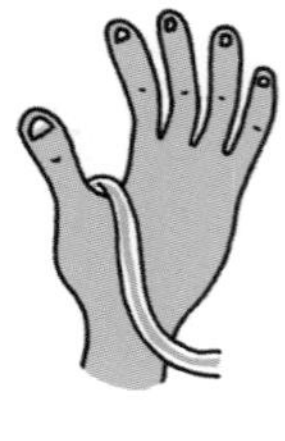

失 失 

손가락 사이로 | 물건이 빠져나가 | 잃을 실

(한자 어휘) 실업 失業 | 실점 失點 | 실례 失禮

따라 쓰기 失

한자어 선 잇기

① 失업 •　　• ㉠ 말이나 행동이 예의에 어긋남

② 失점 •　　• ㉡ 직업을 잃음

③ 失례 •　　• ㉢ 경기나 시합 등에서 점수를 잃음

'잘못', '어긋나다'라는 뜻도 있어요.

188

球

공 구

球 球 

구슬처럼 둥글게 | 가죽을 뭉쳐 꿰맨 | 공 구

(한자 어휘) 지구 地球 | 안구 眼球 | 구근 球根

'둥글다'라는 뜻도 있어요.

따라 쓰기 球

한자어 선 잇기

④ 지球 •　　• ㉠ 눈구멍 안에 있는 공 모양의 기관

⑤ 안球 •　　• ㉡ 둥근 모양의 줄기나 뿌리

⑥ 球근 •　　• ㉢ 인류가 살고 있는 공 모양의 땅덩어리

189

公

공평할 공

公 公 

공평하게 양쪽으로 갈라 | 팔 당겨 곡식을 가져오는 | 공평할 공

(한자 어휘) 공정 公正 | 공원 公園 | 공개 公開

따라 쓰기 公

한자어 선 잇기

⑦ 公정 •　　• ㉠ 여러 사람에게 널리 알림

⑧ 公원 •　　• ㉡ 공평하고 올바름

⑨ 公개 •　　• ㉢ 여러 사람이 쉬도록 만든 정원

정답 ①-㉡ ②-㉢ ③-㉠/ ④-㉢ ⑤-㉠ ⑥-㉡/ ⑦-㉡ ⑧-㉢ ⑨-㉠/ ⑩-㉡ ⑪-㉢ ⑫-㉠

'한가지'는 동작이나 성질이 서로 같다는 뜻이에요.

190

共

한가지 공

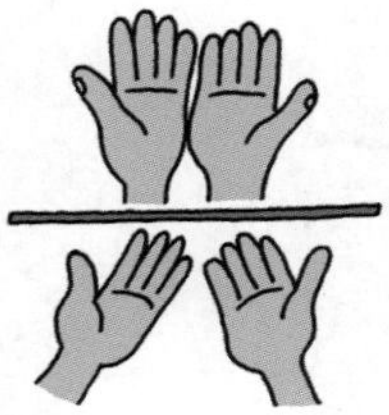

共 두 손으로 받들고

共 또 받들어 한마음이 되는

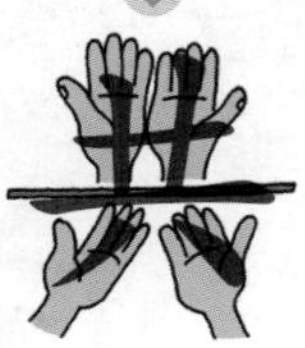

한가지 공

한자 어휘 공감 共感 | 공용 共用 | 공저 共著

'함께'라는 뜻도 있어요.

따라 쓰기 共

한자어 선 잇기

⑩ 共감 •

⑪ 共용 •

⑫ 共저 •

• ㉠ 함께 책을 지음

• ㉡ 남의 의견에 대하여 자신도 같이 느낌

• ㉢ 함께 사용함

한자 복습 181~190 빈칸에 알맞은 한자, 훈(뜻)과 음(소리)을 채우세요.

	銀		根	
짧을 단		공평할 공		지을 작

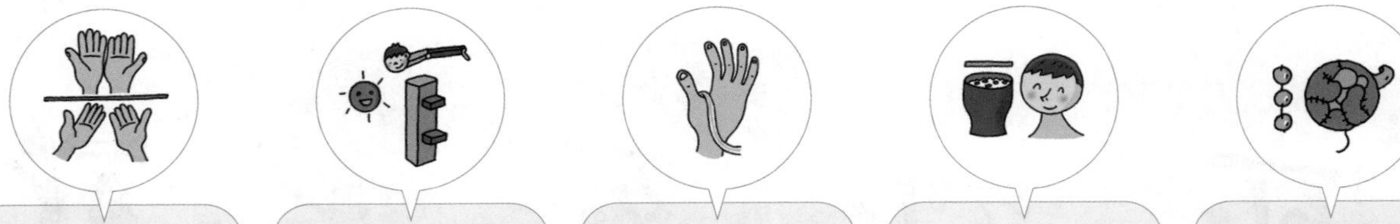

		失		球
한가지 공	어제 작		머리 두	

191 病

병 병

병들어 누운 채 / 불꽃처럼 열이 나는 / 병 병

한자 어휘 병균 病菌 | 병실 病室 | 병원 病院

따라 쓰기 病

한자어 선 잇기

① 病균 •
② 病실 •
③ 病원 •

• ㉠ 병의 원인이 되는 세균
• ㉡ 병을 진찰하고 치료하는 곳
• ㉢ 병을 치료하기 위해 머무는 방

192 醫

의원 의

마개 있는 술병을 나타내는 酉(술병 유)

상자 안 화살 모양 침으로 / 허리 구부려 침 놓고 / 술병의 약 먹여 병 고치는 / 의원 의

한자 어휘 의사 醫師 | 의약 醫藥 | 의학 醫學

따라 쓰기 醫

한자어 선 잇기

④ 醫사 •
⑤ 醫약 •
⑥ 醫학 •

• ㉠ 병 고치는 것을 연구하는 학문
• ㉡ 병 고치는 일을 직업으로 하는 사람
• ㉢ 병 고치는 데 쓰이는 약품

193 死

죽을 사

뼈에 살이 적게 붙어 앙상한 모습을 나타낸 歹(뼈앙상할 알)

뼈가 앙상할 정도로 말라 / 거꾸러져 / 죽을 사

한자 어휘 사투 死鬪 | 사활 死活 | 호사유피 虎死留皮

따라 쓰기 死

한자어 선 잇기

⑦ 死투 •
⑧ 死활 •
⑨ 호死유피 •

• ㉠ 죽을 힘을 다하여 싸움
• ㉡ 호랑이는 죽어서 가죽을 남김
• ㉢ 죽고 살기를 결정할 정도의 중한 문제

정답 ①-㉠ ②-㉢ ③-㉡/ ④-㉡ ⑤-㉢ ⑥-㉠/ ⑦-㉠ ⑧-㉢ ⑨-㉡

194

例

법식 례

例 例 

사람들이 | 나란히 줄 맞추는 | 법식 례

(한자 어휘) 예문 例文 | 예시 例示 | 사례 事例

'예, 보기'라는 뜻으로 자주 쓰여요.

따라 쓰기 例

한자어 선 잇기

① 例문 •
② 例시 •
③ 사例 •

• ㉠ 예를 들어 보임
• ㉡ 이전에 실제로 일어난 예
• ㉢ 예로 드는 문장

'비로소'는 마침내, 드디어와 같은 뜻이에요.

195

始

비로소 시

始 始 始 

여자 몸속에 | 팔 구부리고 | 입 오므린 아기가 생기니 | 비로소 시

(한자 어휘) 시작 始作 | 시종일관 始終一貫
연말연시 年末年始

따라 쓰기 始

한자어 선 잇기

④ 始작 •
⑤ 始종일관 •
⑥ 연말연始 •

• ㉠ 처음부터 끝까지 한결같이
• ㉡ 한 해의 마지막과 새해의 처음
• ㉢ 어떤 일을 처음으로 함

飠은 食(먹을 식)이 변한 모양이에요.

196

飮

마실 음

飮 飮 

밥 먹고 나서 | 하품하듯 입 벌려 물을 | 마실 음

(한자 어휘) 음료수 飮料水 | 음식 飮食 | 시음 試飮

따라 쓰기 飮

한자어 선 잇기

⑦ 飮료수 •
⑧ 飮식 •
⑨ 시飮 •

• ㉠ 맛을 알기 위해 조금 마셔 보는 일
• ㉡ 마시고 먹는 것
• ㉢ 마실 수 있는 물

정답 ①-㉢ ②-㉠ ③-㉡/ ④-㉢ ⑤-㉠ ⑥-㉡/ ⑦-㉢ ⑧-㉡ ⑨-㉠

임신을 한 여자의 모습을 묘사했어요.

197

身

몸 신

고개 젖힌 채 | 한 팔로 불룩한 배를 안고 | 한 팔로 허리 짚은 | 몸 신

한자 어휘 신체 身體 | 자신 自身 | 심신 心身

따라 쓰기 身

한자어 선 잇기

① 身체 •
② 자身 •
③ 심身 •

• ㉠ 자기 몸, 자기 자신
• ㉡ 사람의 몸
• ㉢ 마음과 몸

者(놈 자)는 '놈', '사람'이라는 뜻이에요.

198

者

놈 자

팔 들고 | 지팡이로 가리키며 | 입 벌려 이놈 저놈 하는 | 놈 자

한자 어휘 기자 記者 | 독자 讀者 | 승자 勝者

따라 쓰기 者

한자어 선 잇기

④ 기者 •
⑤ 독者 •
⑥ 승者 •

• ㉠ 책 등의 글을 읽는 사람
• ㉡ 싸움이나 경기에서 이긴 사람
• ㉢ 신문·방송 등의 기사를 쓰는 사람

使(사)는 '부릴 사'라는 훈음도 있어요.

199

使

하여금 사

사람으로 하여금 | 벼슬아치가 입 벌려 부리는 | 하여금 사

한자 어휘 사명 使命 | 사용 使用 | 천사 天使

따라 쓰기 使

한자어 선 잇기

⑦ 使명 •
⑧ 使용 •
⑨ 천使 •

• ㉠ 사람을 부리거나 물건을 씀
• ㉡ 신하로 하여금 맡도록 내린 명령
• ㉢ 천국에서 인간 세계로 파견된 사자

정답 ①-㉡ ②-㉠ ③-㉢/ ④-㉢ ⑤-㉠ ⑥-㉡/ ⑦-㉡ ⑧-㉠ ⑨-㉢/ ⑩-㉢ ⑪-㉡ ⑫-㉠

호랑이의 눈과 입, 이빨,
다리를 나타낸 虎(범 호)

200

號

이름 호

입 벌려 소리치며 | 호랑이를 부르는 | 이름 호

한자 어휘 칭호 稱號 | 구호 口號 | 번호 番號

따라 쓰기 號

한자어 선 잇기

⑩ 칭號 •
⑪ 구號 •
⑫ 번號 •

• ㉠ 차례를 나타내는 숫자
• ㉡ 간결한 문구로 부르짖음
• ㉢ 어떠한 뜻으로 일컫는 이름

한자 복습 191~200 빈칸에 알맞은 한자, 훈(뜻)과 음(소리)을 채우세요.

	例		死	
마실 음		비로소 시		병 병

	醫	身		者
하여금 사			이름 호	

24일 차 6급 한자 복습하기 151~200

선 잇기 한자를 보고 해당하는 한자 풀이말을 찾아 선으로 이으세요.

1	頭	• 올바르게 글머리에 붙이는 **제목** 제
2	病	• 두 발 딛고 서서 활을 몸 굽혀 손에 잡고 **쏠** 발
3	飲	• 뚜껑 있는 제사 그릇과 사람 머리 모양이 비슷한 **머리** 두
4	發	• 구슬처럼 둥글게 가죽을 뭉쳐 꿰맨 **공** 구
5	題	• 밥 먹고 나서 하품하듯 입 벌려 물을 **마실** 음
6	球	• 병들어 누운 채 불꽃처럼 열이 나는 **병** 병

한자 찾기 훈음을 보고 해당하는 한자를 찾아 ○하세요.

1 그림 화 書 晝 畫

2 의원 의 醫 者 號

3 재주 술 行 術 路

4 가르칠 훈 訓 讀 計

5 지을 작 作 昨 球

6 법식 례 病 始 例

7 등급 급 急 級 服

8 뜻 의 意 音 章

9 공평할 공 失 公 共

10 뜰 정 愛 定 庭

훈음쓰기 한자의 훈음을 쓰세요.

1 現 (　　　　)
2 短 (　　　　)
3 信 (　　　　)
4 始 (　　　　)
5 圖 (　　　　)
6 使 (　　　　)
7 交 (　　　　)
8 根 (　　　　)
9 各 (　　　　)
10 苦 (　　　　)

한자읽기 문장을 읽고, 밑줄 친 한자 어휘는 한글로 쓰세요.

1 身체가 건강해야 정신도 건강합니다.

2 急행 열차는 10분 후에 도착합니다.

3 다른 사람의 아픔에 共감할 때 배려심이 생깁니다.

4 세종대왕은 백성의 생활을 안定시키기 위해 애썼습니다.

5 가을은 讀서하기에 좋은 계절이에요.

6 신문과 방송에서 기者의 역할은 아주 중요해요.

25일 차 6급 한자 익히기 201~210

나무의 뿌리 쪽에 '一'을 표시해 사물의 본바탕인 근본을 나타내요.

201

本

근본 본

本 本 

나무의 | 뿌리 쪽 | 근본 본

한자 어휘 본업 本業 | 본론 本論 | 본질 本質

따라 쓰기 本

한자어 선 잇기

① 本업 • • ㉠ 논의의 주가 되는 것
② 本론 • • ㉡ 여러 직업 중에 근본이 되는 직업
③ 本질 • • ㉢ 사물의 근본적인 성질

나무껍질이 울퉁불퉁한 후박나무로 표현한 글자로, 그 모습이 꾸밈없다하여 '순박하다'는 뜻도 있어요.

202

朴

성 박

朴 朴 

나무의 | 거친 껍질처럼 꾸밈없는 | 성 박

한자 어휘 박혁거세 朴赫居世 | 순박 淳朴 | 소박 素朴

따라 쓰기 朴

한자어 선 잇기

④ 朴혁거세 • • ㉠ 꾸밈이 없이 순수함
⑤ 순朴 • • ㉡ 욕심이 없고 꾸미지 않음
⑥ 소朴 • • ㉢ 박씨의 시조, 신라를 세운 왕

'실과'는 '열매'를 말해요.

203

果

실과 과

果 果 

열매가 주렁주렁 | 나무에 달린 | 실과 과

한자 어휘 과수 果樹 | 과실 果實 | 결과 結果

'이루다'라는 뜻도 있어요.

따라 쓰기 果

한자어 선 잇기

⑦ 果수 • • ㉠ 과일나무에서 얻은 열매
⑧ 果실 • • ㉡ 과일이 열리는 나무
⑨ 결果 • • ㉢ 열매를 맺음, 이뤄진 결말

정답 ①-㉡ ②-㉠ ③-㉢/ ④-㉢ ⑤-㉠ ⑥-㉡/ ⑦-㉡ ⑧-㉠ ⑨-㉢

204

樹
나무 수

樹 樹 樹 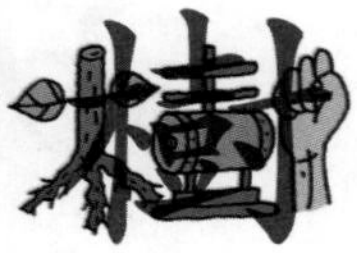

나무가 / 큰북을 / 손으로 세운 듯 서 있는 / 나무 수

한자 어휘 수립 樹立 | 수목원 樹木園 | 상록수 常綠樹

따라 쓰기 樹

한자어 선 잇기

① 樹립 •
② 樹목원 •
③ 상록樹 •

• ㉠ 사계절 내내 잎이 푸른 나무
• ㉡ 여러 가지 나무를 모아 기르는 곳
• ㉢ 나무를 세우듯 계획 등을 세움

'말미암다'는 어떤 일이 다른 일의 원인이나 이유가 되는 것을 말해요.

205

由
말미암을 유

由 由 

열매 속에서 / 즙이 나오는 / 말미암을 유

한자 어휘 유래 由來 | 이유 理由 | 자유 自由

따라 쓰기 由

한자어 선 잇기

④ 由래 •
⑤ 이由 •
⑥ 자由 •

• ㉠ 자기 마음에서 말미암아 행동함
• ㉡ 어떤 일이 말미암은 내력, 전해져 온 까닭
• ㉢ 어떤 일이 있게 된 까닭

206

油
기름 유

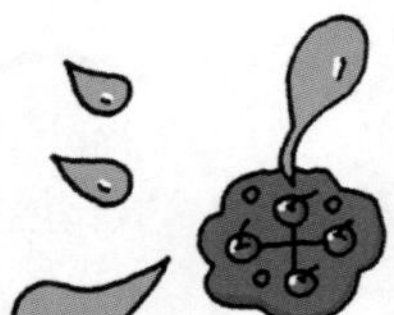

油 油 油 

물이 흘러나오듯 / 열매 속에서 / 나오는 / 기름 유

한자 어휘 유전 油田 | 유화 油畫 | 주유소 注油所

따라 쓰기 油

한자어 선 잇기

⑦ 油전 •
⑧ 油화 •
⑨ 주油소 •

• ㉠ 기름에 갠 물감으로 그리는 그림
• ㉡ 휘발유 등의 기름을 차에 넣는 곳
• ㉢ 기름 밭, 석유가 나는 곳

정답 ①-㉢ ②-㉡ ③-㉠/ ④-㉡ ⑤-㉢ ⑥-㉠/ ⑦-㉢ ⑧-㉠ ⑨-㉡

斤(도끼 근)은 도끼머리와
도낏자루를 그린 글자예요.

207 新

新

새 신

新 新 新 

서 있는 / 나무를 / 도끼로 찍어 새로 만드는 / 새 신

한자 어휘 신기록 新記錄 | 신석기 新石器
송구영신 送舊迎新

따라 쓰기 新

한자어 선 잇기

① 新기록 •
② 新석기 •
③ 송구영新 •

• ㉠ 돌을 갈아서 쓰는 새로운 석기 시대
• ㉡ 묵은 옛 해를 보내고 새해를 맞이함
• ㉢ 새로운 기록

208 親

親

친할 친

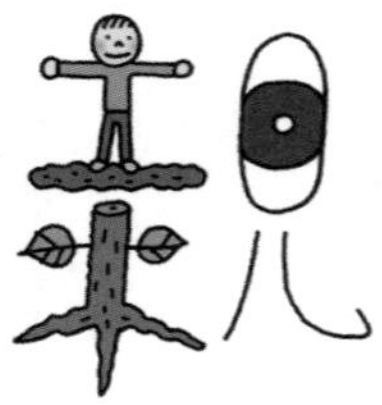

親 親 親 

서 있는 / 나무를 / 가까이 바라보는 / 친할 친

한자 어휘 친구 親舊 | 친목 親睦 | 친척 親戚

따라 쓰기 親

한자어 선 잇기

④ 親구 •
⑤ 親목 •
⑥ 親척 •

• ㉠ 오래 사귄 친한 사람
• ㉡ 서로 친하여 화목함
• ㉢ 아버지, 어머니 쪽의 혈연관계 사람들

나뭇가지 아래를 묶은 모습을 그린
束(묶을 속)

209 速

速

빠를 속

速 速 

나무를 묶어 싣고 / 큰길을 달리는 / 빠를 속

한자 어휘 속도 速度 | 속독 速讀 | 시속 時速

따라 쓰기 速

한자어 선 잇기

⑦ 速도 •
⑧ 速독 •
⑨ 시速 •

• ㉠ 책을 빨리 읽음
• ㉡ 빠른 정도
• ㉢ 1시간을 단위로 잰 속도

정답 ①-㉢ ②-㉠ ③-㉡/ ④-㉠ ⑤-㉡ ⑥-㉢/ ⑦-㉡ ⑧-㉠ ⑨-㉢/ ⑩-㉠ ⑪-㉢ ⑫-㉡

도끼가 무거워서
가까운 곳만 갈 수 있대요.

210

近

가까울 근

近 近 

도끼를 들고 큰길을 달리는 가까울 근

한자 어휘 근처 近處 | 최근 最近 | 접근 接近

따라 쓰기 近

한자어 선 잇기

⑩ 近처 •
⑪ 최近 •
⑫ 접近 •

• ㉠ 가까운 곳
• ㉡ 가까이 다가감
• ㉢ 얼마 지나지 않은 가장 가까운 때

한자 복습 201~210 빈칸에 알맞은 한자, 훈(뜻)과 음(소리)을 채우세요.

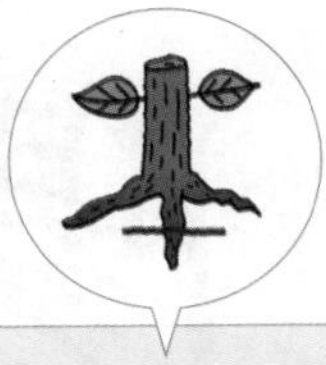

	樹		果	
기름 유		빠를 속		근본 본

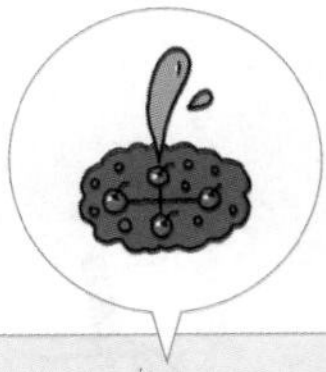

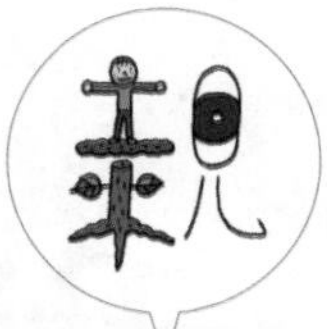

		新		親
가까울 근	성 박		말미암을 유	

26일 차 6급 한자 익히기 211~220

오얏은 '자두'를 가리키는 옛말이에요. 李(오얏 리)는 '성씨 리'라는 훈음도 있어요.

211

李

오얏 리

李 나무에 달린

李 아이들이 좋아하는 과일

오얏 리

한자 어휘 도리 桃李 | 이순신 李舜臣 | 장삼이사 張三李四

따라 쓰기 李

한자어 선 잇기

① 도李 •
② 李순신 •
③ 장삼李사 •

• ㉠ 복숭아와 오얏(자두)
• ㉡ 장씨 셋째 아들과 이씨 넷째 아들, 즉 보통사람
• ㉢ 임진왜란 때 일본을 물리친 조선의 장군

왼쪽에 있는 부수 阝는 언덕 부(阜)를 뜻해요.

212

陽

볕 양

陽 언덕에

陽 해가 떠올라

陽 내리쬐는

볕 양

한자 어휘 양지 陽地 | 석양 夕陽 | 태양 太陽

따라 쓰기 陽

한자어 선 잇기

④ 陽지 •
⑤ 석陽 •
⑥ 태陽 •

• ㉠ 큰 빛을 스스로 내는 태양계의 중심
• ㉡ 저녁때의 햇빛
• ㉢ 볕이 드는 밝고 따뜻한 곳

오른쪽에 있는 부수 阝는 고을 읍(邑)을 뜻해요.

213

郡

고을 군

郡 군주가 다스리는

郡 고을을 가리키는

고을 군

한자 어휘 군민 郡民 | 군수 郡守 | 군청 郡廳

따라 쓰기 郡

한자어 선 잇기

⑦ 郡민 •
⑧ 郡수 •
⑨ 郡청 •

• ㉠ 군의 행정을 맡은 최고 책임자
• ㉡ 군 안에 사는 주민
• ㉢ 군의 행정을 맡아보는 관청

정답 ①-㉠ ②-㉢ ③-㉡/ ④-㉢ ⑤-㉡ ⑥-㉠/ ⑦-㉡ ⑧-㉠ ⑨-㉢

어제 배운 한자 읽기 本朴果樹由油新親速近

214

部

떼 부

서서 입 벌리고
떼 지어 고을에 모인
떼 부

한자 어휘 부분 部分 | 부하 部下 | 전부 全部

따라 쓰기 部

한자어 선 잇기

① 部분 •
② 部하 •
③ 전部 •

• ㉠ 떼 지은 무리를 나눈 전체의 일부
• ㉡ 모든 부분
• ㉢ 무리 중에 자기보다 낮은 자리에 있는 사람

215

才

재주 재

나뭇가지를 자르는 모습을 나타내는 丿(삐칠 별)

나뭇가지를
비껴 잘라 물건 만드는
재주 재

한자 어휘 재능 才能 | 재치 才致 | 천재 天才

따라 쓰기 才

한자어 선 잇기

④ 才능 •
⑤ 才치 •
⑥ 천才 •

• ㉠ 눈치 빠른 재주
• ㉡ 하늘이 내린 재주를 가진 사람
• ㉢ 재주와 능력

216

在

있을 재

자른 나뭇가지를
땅에 박고
흙을 모으면
있을 재

한자 어휘 재학 在學 | 잠재력 潛在力 | 존재 存在

따라 쓰기 在

한자어 선 잇기

⑦ 在학 •
⑧ 잠在력 •
⑨ 존在 •

• ㉠ 학교를 다니고 있음
• ㉡ 현실에 실제로 있음
• ㉢ 드러나지 않고 속에 잠겨 있는 힘

정답 ①-㉠ ②-㉢ ③-㉡/ ④-㉢ ⑤-㉠ ⑥-㉡/ ⑦-㉠ ⑧-㉢ ⑨-㉡

'이하다'는 이롭다는 뜻이에요. 벼 이삭을 잘라 곡식을 수확하는 것은 농부에게 이익을 가져다 주는 일이니 이롭지요.

217

利

이할 리

利 利

벼를 | 칼로 베어 거두니 | 이할 리

한자 어휘 이용 利用 | 권리 權利 | 편리 便利

따라 쓰기 利

한자어 선 잇기

① 利용 •
② 권利 •
③ 편利 •

• ㉠ 권세와 이익
• ㉡ 이롭게 씀
• ㉢ 편하고 이로움

'화하다'는 서로 사이가 좋은 상태가 되는 것을 뜻해요.

218

和

화할 화

和 和

벼를 거두어 | 입에 넣어 먹으니 | 화할 화

한자 어휘 화목 和睦 | 화해 和解 | 평화 平和

따라 쓰기 和

한자어 선 잇기

④ 和목 •
⑤ 和해 •
⑥ 평和 •

• ㉠ 안 좋은 감정을 풀고 화목하게 함
• ㉡ 서로 뜻이 맞아 사이좋고 정다움
• ㉢ 평온하고 화목함

곡식을 담아 양을 재는 그릇을 나타내는 斗(말 두)

219

科

과목 과

科 科

벼를 거두어 | 알곡을 말에 담아 가르는 | 과목 과

한자 어휘 과목 科目 | 안과 眼科 | 학과 學科

따라 쓰기 科

한자어 선 잇기

⑦ 科목 •
⑧ 안科 •
⑨ 학科 •

• ㉠ 분야에 따라 나눈 학술의 분과
• ㉡ 의학에서 눈을 치료하는 과목
• ㉢ 공부할 지식을 분야에 따라 나눈 교과 항목

정답 ①-㉡ ②-㉠ ③-㉢/ ④-㉡ ⑤-㉠ ⑥-㉢/ ⑦-㉢ ⑧-㉡ ⑨-㉠/ ⑩-㉢ ⑪-㉠ ⑫-㉡

220

米

쌀 미

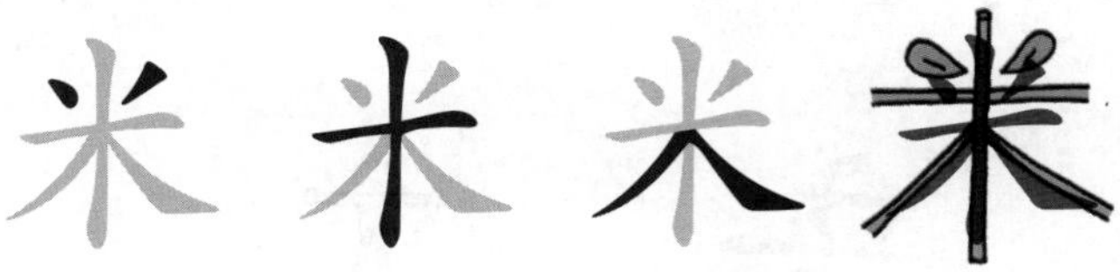

날알이 | 벼 이삭에 | 다닥다닥 붙은 | 쌀 미

한자 어휘 미음 米飮 | 군량미 軍糧米 | 백미 白米

따라 쓰기 米

한자어 선 잇기

⑩ 米음 •
⑪ 군량米 •
⑫ 백米 •

• ㉠ 군대의 식량으로 쓰는 쌀
• ㉡ 깨끗하고 희게 찧은 쌀
• ㉢ 쌀을 푹 끓여 마시듯 먹는 음식

한자 복습 211~220

빈칸에 알맞은 한자, 훈(뜻)과 음(소리)을 채우세요.

있을 재

部

과목 과

郡

오얏 리

쌀 미

볕 양

利

재주 재

和

221

童

아이 동

童 童 

서서 / 마을에서 뛰어노는 / 아이 동

한자 어휘 동심 童心 | 동요 童謠 | 동화 童話

따라 쓰기 童

한자어 선 잇기

① 童심 •
② 童요 •
③ 童화 •

• ㉠ 어린이를 위해 지은 노래
• ㉡ 아이들이 읽고 즐기는 이야기
• ㉢ 어린아이의 마음

222

理

다스릴 리

理 理 

구슬을 꿰어 관리하듯 / 마을을 / 다스릴 리

한자 어휘 논리 論理 | 이해 理解 | 처리 處理

따라 쓰기 理

한자어 선 잇기

④ 논理 •
⑤ 理해 •
⑥ 처理 •

• ㉠ 일 등을 다스려 정리해 마무리함
• ㉡ 사물의 이치를 해석함, 깨달아 앎
• ㉢ 이치에 맞게 생각하는 과정이나 원리

베틀의 북과 바디를 그린 베를 짜는 予(여)

223

野

들 야

野 野 

마을에 / 베처럼 펼쳐진 / 들 야

한자 어휘 야구 野球 | 야채 野菜 | 평야 平野

따라 쓰기 野

한자어 선 잇기

⑦ 野구 •
⑧ 野채 •
⑨ 평野 •

• ㉠ 들에서 나는 나물이나 채소
• ㉡ 들판에서 하는 공놀이
• ㉢ 고르게 펼쳐진 들판

정답 ①-㉢ ②-㉠ ③-㉡/ ④-㉢ ⑤-㉡ ⑥-㉠/ ⑦-㉡ ⑧-㉠ ⑨-㉢

224

界

지경 계

'지경'은 지역과 지역을 가르는 경계를 말해요.

界 界 界 

밭 사이를 갈라 나누는 지경 계

한자 어휘 세계 世界 | 학계 學界 | 외계인 外界人

따라 쓰기 界

한자어 선 잇기

① 세界 •
② 학界 •
③ 외界인 •

• ㉠ 경계 안, 지구상의 모든 나라
• ㉡ 지구 세계 바깥에서 온 사람
• ㉢ 학문의 세계

쪽풀을 우물에 담그면 푸른색 물이 우러난다는 靑(푸를 청)

225

清

맑을 청

清 清 

물이 푸르러 맑을 청

한자 어휘 청결 清潔 | 청소 清掃 | 청풍명월 清風明月

따라 쓰기 清

한자어 선 잇기

④ 清결 •
⑤ 清소 •
⑥ 清풍명월 •

• ㉠ 맑고 깨끗하게 쓸고 닦음
• ㉡ 맑은 바람과 밝은 달
• ㉢ 맑고 깨끗함

나무를 파서 글씨를 새기는 모습을 나타낸 彔(새길 록)

226

綠

푸를 록

綠 綠 

실을 글씨 새기듯 물들여 푸를 록

한자 어휘 녹두 綠豆 | 녹차 綠茶 | 엽록소 葉綠素

따라 쓰기 綠

한자어 선 잇기

⑦ 綠두 •
⑧ 綠차 •.
⑨ 엽綠소 •

• ㉠ 푸른색의 콩
• ㉡ 푸른색 그대로 볶아 말린 찻잎, 그 우린 물
• ㉢ 잎에 있는 푸른색 색소

정답 ①-㉠ ②-㉢ ③-㉡/ ④-㉢ ⑤-㉠ ⑥-㉡/ ⑦-㉠ ⑧-㉡ ⑨-㉢

英(영)이 쓰인 단어는 '꽃'과 관련이 없이
'뛰어나다'라는 뜻으로 쓰여요.

227

英

꽃부리 영

英 英

풀 | 한가운데 피어난 꽃잎 | 꽃부리 영

한자 어휘 영웅 英雄 | 영재 英才 | 영어 英語

'영국', '영어'라는 뜻도 있어요.

따라 쓰기 英

한자어 선 잇기

① 英웅 •
② 英어 •
③ 英재 •

• ㉠ 영국에서 시작된 언어
• ㉡ 뛰어난 재능이 있는 사람
• ㉢ 지혜와 용기가 뛰어나 세상을 이끄는 사람

永(길 영)에서 '길'은 길다는 뜻으로,
'영원하다, 오래다'는 뜻으로도 쓰여요.

228

永

길 영

永 永 永

물방울이 튀고 | 굽으며 | 흐르고 흘러 길고 긴 | 길 영

한자 어휘 영생 永生 | 영구 永久 | 영주권 永住權

따라 쓰기 永

한자어 선 잇기

④ 永생 •
⑤ 永구 •
⑥ 永주권 •

• ㉠ 영원히 삶
• ㉡ 영원히 살 수 있도록 외국인에게 주는 권리
• ㉢ 오래도록 변함없이 계속 됨

촛불이 촛대 한가운데서
타는 모양인 主(주인 주)

229

注

부을 주

注 注

물을 | 주인이 | 부을 주

한자 어휘 주목 注目 | 주사 注射 | 주유 注油

따라 쓰기 注

한자어 선 잇기

⑦ 注목 •
⑧ 注사 •
⑨ 注유 •

• ㉠ 관심을 쏟아 주의 깊게 눈으로 살핌
• ㉡ 기름을 넣는 것
• ㉢ 바늘을 통해 약물을 넣음

정답 ①-㉢ ②-㉠ ③-㉡/ ④-㉠ ⑤-㉢ ⑥-㉡/ ⑦-㉠ ⑧-㉢ ⑨-㉡/ ⑩-㉢ ⑪-㉠ ⑫-㉡

230

溫

따뜻할 온

따뜻한 물을 / 사람이 있는 욕조 안에 / 그릇으로 부어 / 따뜻할 온

한자 어휘 온도 溫度 | 온수 溫水 | 체온 體溫

따라 쓰기 溫

한자어 선 잇기

⑩ 溫도 • • ㉠ 따뜻한 물

⑪ 溫수 • • ㉡ 몸의 온도

⑫ 체溫 • • ㉢ 따뜻한 정도

한자 복습 221~230 빈칸에 알맞은 한자, 훈(뜻)과 음(소리)을 채우세요.

푸를 록

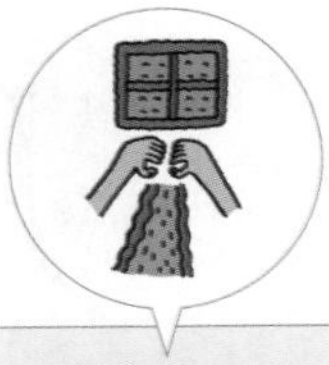

界

다스릴 리

野

아이 동

부을 주

따뜻할 온

英

맑을 청

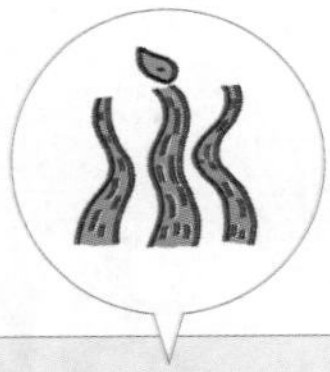

永

28일 차 6급 한자 익히기 231~240

231

光

빛 광

불꽃 아래 / 앉은 사람이 빛나니 / 빛 광

한자 어휘 광선 光線 | 광합성 光合成 | 후광 後光

따라 쓰기 光

한자어 선 잇기

① 光선 •
② 光합성 •
③ 후光 •

• ㉠ 식물이 빛 에너지로 유기물을 합성하는 과정
• ㉡ 빛의 줄기
• ㉢ 어떤 사물을 더욱 빛나고 돋보이게 하는 배경

232

明

밝을 명

해와 / 달은 밝으니 / 밝을 명

한자 어휘 명랑 明朗 | 명확 明確 | 설명 說明

따라 쓰기 明

한자어 선 잇기

④ 明랑 •
⑤ 明확 •
⑥ 설明 •

• ㉠ 내용을 밝혀 말함
• ㉡ 밝고 환함, 유쾌하고 쾌활함
• ㉢ 분명하고 확실함

233

朝

아침 조

나뭇가지에 / 해가 걸리고 / 달은 들어가는 / 아침 조

한자 어휘 조식 朝食 | 조삼모사 朝三暮四 | 조례 朝禮

따라 쓰기 朝

한자어 선 잇기

⑦ 朝식 •
⑧ 朝삼모사 •
⑨ 朝례 •

• ㉠ 아침에 세 개 저녁에 네 개, 잔꾀로 남을 농락함
• ㉡ 아침 식사
• ㉢ 학교에서 구성원이 모여 일과 전에 하는 아침 모임

정답 ①-㉡ ②-㉠ ③-㉢/ ④-㉡ ⑤-㉢ ⑥-㉠/ ⑦-㉡ ⑧-㉠ ⑨-㉢

어제 배운 한자 읽기 童理野界清綠英永注溫

234

夜

밤 야

지붕 아래 사람에게 달빛이 비치는 밤 야

한자 어휘 야경 夜景 | 야시장 夜市場 | 주경야독 晝耕夜讀

따라 쓰기 夜

한자어 선 잇기

① 夜경 • • ㉠ 낮에는 밭을 갈고 밤에는 책을 읽음
② 夜시장 • • ㉡ 밤에 보이는 경치
③ 주경夜독 • • ㉢ 밤에 열리는 시장

235

石

돌 석

벼랑에서 떨어져 나온 작은 돌 석

한자 어휘 석빙고 石氷庫 | 석탑 石塔 | 보석 寶石

따라 쓰기 石

한자어 선 잇기

④ 石빙고 • • ㉠ 희귀하고 값비싼 돌
⑤ 石탑 • • ㉡ 돌로 쌓은 탑
⑥ 보石 • • ㉢ 돌로 만든 얼음 보관 창고

反(반)은 '돌아올 반'이라는 훈음도 있어요.

236

反

돌이킬 반

가파른 벼랑을 손으로 짚고 오르다가 돌이킬 반

한자 어휘 반론 反論 | 반복 反復 | 반성 反省

따라 쓰기 反

한자어 선 잇기

⑦ 反론 • • ㉠ 같은 일을 되풀이함
⑧ 反복 • • ㉡ 남의 의견에 반대하여 논함
⑨ 反성 • • ㉢ 말이나 행동을 돌이켜 살핌

정답 ①-㉡ ②-㉢ ③-㉠/ ④-㉢ ⑤-㉡ ⑥-㉠/ ⑦-㉡ ⑧-㉠ ⑨-㉢

十(열 십)과 十(열 십)을 더한 스물 또는 여럿을 나타내는 廿(스물 입)

237

黃

누를 황

黃 黃 黃 

여러 사람 / 허리에 매단 금붙이가 / 번쩍번쩍 빛나니 / 누를 황

한자 어휘 황금 黃金 | 황사 黃沙 | 황토 黃土

따라 쓰기 黃

한자어 선 잇기

① 黃금 •
② 黃사 •
③ 黃토 •

• ㉠ 누런 모래
• ㉡ 누르스름한 빛깔의 흙
• ㉢ 누런빛의 금덩이

하늘에서 내리는 빗줄기와 빗방울을 그린 雨(비 우)

238

雪

눈 설

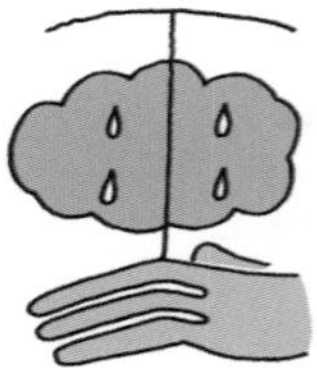

雪 雪 

비처럼 내리지만 / 손가락으로 쓸어 모을 수 있는 / 눈 설

한자 어휘 설상가상 雪上加霜 | 설욕 雪辱 | 백설 白雪

따라 쓰기 雪

한자어 선 잇기

④ 雪상가상 •
⑤ 雪욕 •
⑥ 백雪 •

• ㉠ 치욕을 눈처럼 깨끗이 씻음
• ㉡ 눈 위에 더하여 서리가 내림, 어려운 일이 겹침
• ㉢ 흰 눈

半(반 반)은 牛(소 우)를 반으로 가른 모습이에요.

239

半

반 반

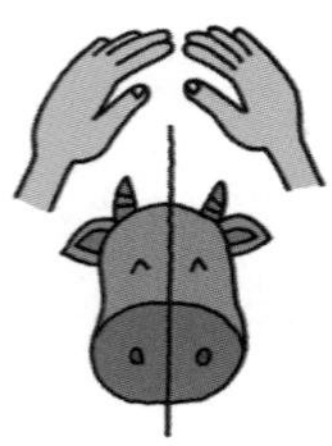

半 半 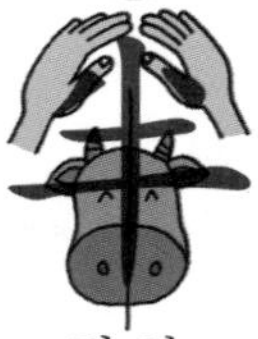

양쪽으로 갈라 / 소를 나누는 / 반 반

한자 어휘 반숙 半熟 | 반신반의 半信半疑
반신불수 半身不隨

따라 쓰기 半

한자어 선 잇기

⑦ 半숙 •
⑧ 半신반의 •
⑨ 半신불수 •

• ㉠ 음식물을 반쯤 익힘
• ㉡ 반은 믿고 반은 의심함
• ㉢ 몸 반쪽이 뜻대로 움직이지 않음

정답 ①-㉢ ②-㉠ ③-㉡/ ④-㉡ ⑤-㉠ ⑥-㉢/ ⑦-㉠ ⑧-㉡ ⑨-㉢/ ⑩-㉠ ⑪-㉡ ⑫-㉢

240

班

나눌 반

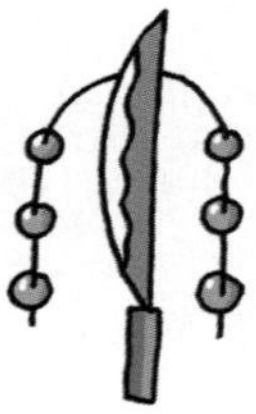

구슬 목걸이를	칼로 끊어	구슬을	나눌 반

한자 어휘 반장 班長 | 분반 分班 | 양반 兩班

따라 쓰기 班

한자어 선 잇기

⑩ 班장 •	• ㉠ 학년을 나눈 각 반을 대표하는 사람
⑪ 분班 •	• ㉡ 한 반을 몇 개의 반으로 나눔
⑫ 양班 •	• ㉢ 관직을 문반과 무반으로 나눔

한자 복습 231~240 빈칸에 알맞은 한자, 훈(뜻)과 음(소리)을 채우세요.

	夜		朝	
돌이킬 반		반 반		빛 광

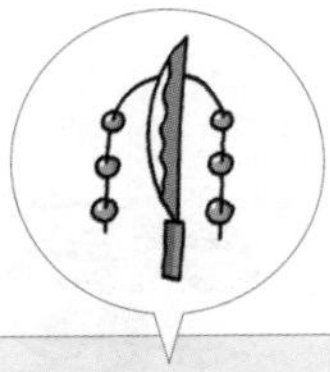

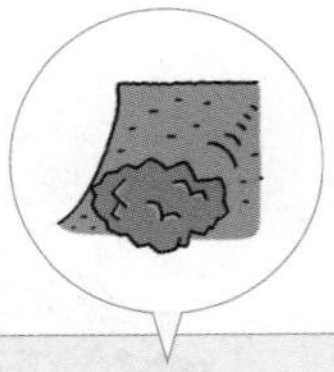
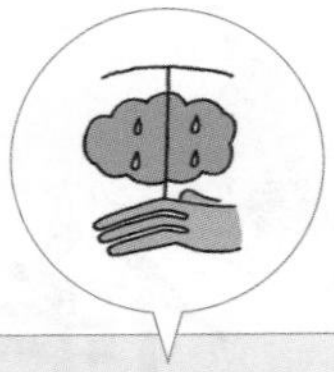

		黃		雪
나눌 반	밝을 명		돌 석	

洋(큰 바다 양)은
海(바다 해)보다 더 넓고
큰 바다를 가리켜요.

241

洋

큰 바다 양

물이 / 양떼처럼 넘실대는 / 큰 바다 양

한자 어휘 원양 遠洋 | 서양 西洋 | 양복 洋服

'서양'이라는 뜻도 있어요.

따라 쓰기 洋

한자어 선 잇기

① 원洋 •
② 서洋 •
③ 洋복 •

• ㉠ 육지와 떨어진 큰 바다
• ㉡ 서양식 옷, 서양식 남성 정장
• ㉢ 큰 바다 너머 서쪽 유럽과 남북아메리카

242

美

아름다울 미

양이 / 크게 자라 살져서 / 아름다울 미

한자 어휘 미모 美貌 | 미술 美術 | 미풍양속 美風良俗

따라 쓰기 美

한자어 선 잇기

④ 美모 •
⑤ 美술 •
⑥ 美풍양속 •

• ㉠ 아름답게 생긴 외모
• ㉡ 아름답고 좋은 풍속
• ㉢ 그림, 조각 등 아름다움을 표현한 예술

날개를 쭉 편
새를 그린 隹(새 추)

243

集

모을 집

새를 / 나무에 / 모을 집

한자 어휘 집중 集中 | 집합 集合 | 집회 集會

따라 쓰기 集

한자어 선 잇기

⑦ 集중 •
⑧ 集합 •
⑨ 集회 •

• ㉠ 모여서 합침, 한곳으로 모이거나 모음
• ㉡ 정신을 한가운데로 모음
• ㉢ 여러 사람이 특정한 목적으로 모임

정답 ①-㉠ ②-㉢ ③-㉡/ ④-㉠ ⑤-㉢ ⑥-㉡/ ⑦-㉡ ⑧-㉠ ⑨-㉢

244

多
많을 다

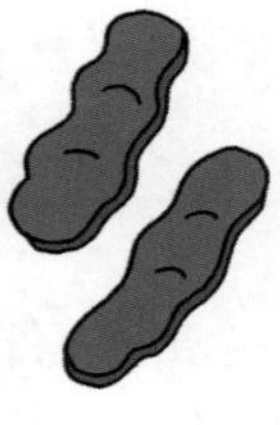

多 多 

말린 고기 아래 | 말린 고기를 쌓아 | 많을 다

한자 어휘 다다익선 多多益善 | 다면체 多面體 | 다정 多情

따라 쓰기 多

한자어 선 잇기

① 多多익선 •
② 多면체 •
③ 多정 •

• ㉠ 여러 면으로 둘러싸인 입체
• ㉡ 정이 많음
• ㉢ 많으면 많을수록 더 좋음

새의 날개와 깃털을 그린 羽(깃 우)

245

習
익힐 습

習 習 

날개를 파닥이며 | 흰 새가 나는 법을 | 익힐 습

한자 어휘 습관 習慣 | 자습 自習 | 학습 學習

따라 쓰기 習

한자어 선 잇기

④ 習관 •
⑤ 자習 •
⑥ 학習 •

• ㉠ 스스로 익힘, 학생이 스스로 익히는 수업
• ㉡ 배우고 익힘
• ㉢ 몸에 익은 버릇

활과 활시위를 그린 弓(활 궁)

246

弱
약할 약

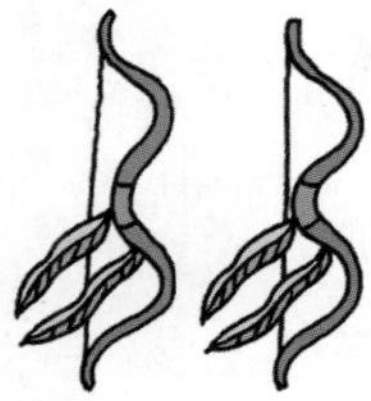

弱 弱 

활을 꾸미는 깃털과 | 활을 꾸미는 깃털이 | 약할 약

한자 어휘 약소국 弱小國 | 약육강식 弱肉強食
노약자 老弱者

따라 쓰기 弱

한자어 선 잇기

⑦ 弱소국 •
⑧ 弱육강식 •
⑨ 노弱자 •

• ㉠ 늙거나 몸이 약한 사람
• ㉡ 힘이 약한 작은 나라
• ㉢ 약한 자의 고기는 강한 자의 먹이가 됨

정답 ①-㉢ ②-㉠ ③-㉡/ ④-㉢ ⑤-㉠ ⑥-㉡/ ⑦-㉡ ⑧-㉢ ⑨-㉠

角(각)은 모나다,
각지다라는 뜻도 있어요.

247

角

뿔 각

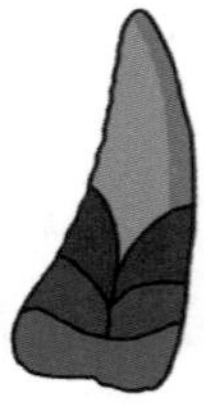

角 角

끝이 뾰족하고 | 주름진 무늬가 있는

뿔 각

한자 어휘 각도 角度 | 각목 角木 | 직각 直角

따라 쓰기 角

한자어 선 잇기

① 角도 •
② 角목 •
③ 직角 •

• ㉠ 두 직선이 만난 90도의 각
• ㉡ 뿔처럼 뾰족한 정도, 각의 크기
• ㉢ 모서리를 각지게 깎은 나무

짐승의 발톱과 발가락이 땅에 찍힌 자국을
나타내는 釆(짐승 발자국 변)

248

番

차례 번

番 番

짐승 발자국이 | 밭에 줄지어 차례로 찍힌 모양

차례 번

한자 어휘 번지 番地 | 번호 番號 | 매번 每番

따라 쓰기 番

한자어 선 잇기

④ 番지 •
⑤ 番호 •
⑥ 매番 •

• ㉠ 차례로 부르려고 붙인 숫자
• ㉡ 번번이, 매 때마다
• ㉢ 땅을 나누어 매긴 번호

249

風

바람 풍

風 風 風

큰 새가 날개를 펴고 | 바람을 일으키며 | 벌레를 잡는

바람 풍

한자 어휘 풍랑 風浪 | 풍전등화 風前燈火 | 풍차 風車

따라 쓰기 風

한자어 선 잇기

⑦ 風랑 •
⑧ 風전등화 •
⑨ 風차 •

• ㉠ 바람 앞의 등불처럼 위태로움
• ㉡ 바람과 물결
• ㉢ 바람의 힘으로 바퀴를 돌려 동력을 얻는 장치

정답 ①-㉡ ②-㉢ ③-㉠/ ④-㉢ ⑤-㉠ ⑥-㉡/ ⑦-㉡ ⑧-㉠ ⑨-㉢/ ⑩-㉠ ⑪-㉡ ⑫-㉢

250

窓

창 창

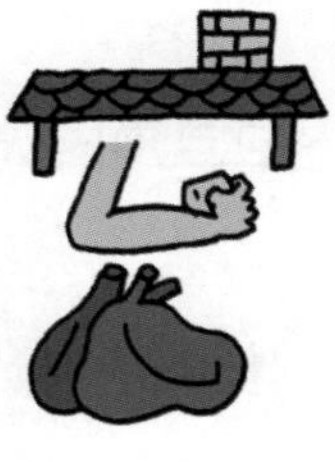

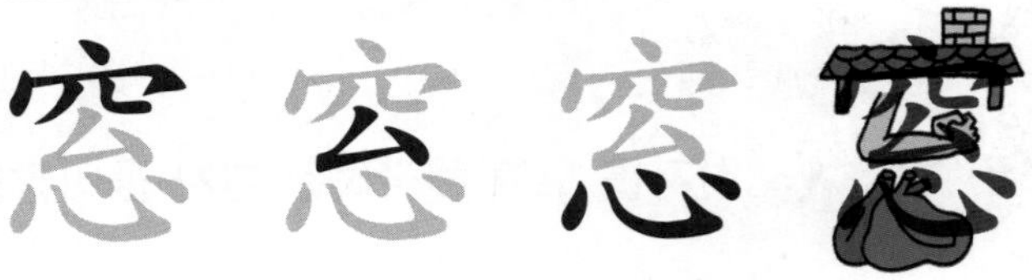

집의 벽에 | 창문이 뚫려 있어 | 마음이 확 트이는 | 창 창

한자 어휘 창문 窓門 | 창구 窓口 | 동창 同窓

따라 쓰기 窓

한자어 선 잇기

⑩ 窓문 •
⑪ 窓구 •
⑫ 동窓 •

• ㉠ 바람이나 햇볕이 들도록 벽에 낸 문
• ㉡ 창을 뚫어 고객을 응대하는 곳
• ㉢ 같은 창을 내다보며 공부한 사이

한자 복습 241~250 빈칸에 알맞은 한자, 훈(뜻)과 음(소리)을 채우세요.

약할 약

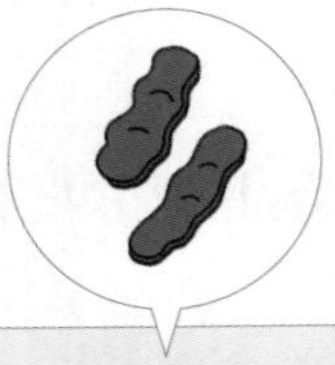

多

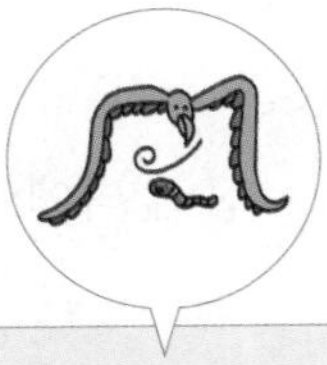

바람 풍

集

큰 바다 양

창 창

아름다울 미

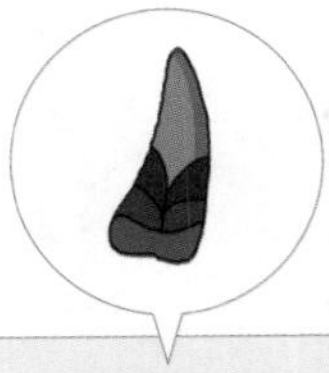

角

익힐 습

番

30일 차 6급 한자 복습하기 201~250

선 잇기 한자를 보고 해당하는 한자 풀이말을 찾아 선으로 이으세요.

1 班 •
2 樹 •
3 窓 •
4 科 •
5 綠 •
6 黃 •

• 벼를 거두어 알곡을 말에 담아 가르는 **과목** 과
• 실을 글씨 새기듯 물들여 **푸를** 록
• 나무가 큰북을 손으로 세운 듯 서 있는 **나무** 수
• 여러 사람 허리에 매단 금붙이가 번쩍번쩍 빛나니 **누를** 황
• 구슬 목걸이를 칼로 끊어 구슬을 **나눌** 반
• 집의 벽에 창문이 뚫려 있어 마음이 확 트이는 **창** 창

한자 찾기 훈음을 보고 해당하는 한자를 찾아 ○하세요.

1 떼 부 陽 : 郡 : 部
2 큰 바다 양 洋 : 美 : 集
3 다스릴 리 童 : 理 : 野
4 친할 친 朴 : 果 : 親
5 아침 조 明 : 朝 : 夜
6 약할 약 弱 : 習 : 角
7 이할 리 在 : 和 : 利
8 가까울 근 速 : 近 : 新
9 눈 설 黃 : 雪 : 半
10 따뜻할 온 永 : 注 : 溫

훈음쓰기 한자의 훈음을 쓰세요.

1 淸 (　　　　　　)

2 夜 (　　　　　　)

3 油 (　　　　　　)

4 番 (　　　　　　)

5 才 (　　　　　　)

6 集 (　　　　　　)

7 界 (　　　　　　)

8 光 (　　　　　　)

9 注 (　　　　　　)

10 米 (　　　　　　)

한자읽기 문장을 읽고, 밑줄 친 한자 어휘는 한글로 쓰세요.

1 학習 도구를 모둠별로 나누어 줍니다.

2 석陽은 어느덧 뒷산으로 넘어가고 있었습니다.

3 외국어 학습은 反복해서 읽고 따라하는 방법이 효과적이에요.

4 물이 흘러넘칠 때 흙더미가 쌓여 평野가 됩니다.

5 여기까지 시速 100km로 달려왔습니다.

6 보는 角도에 따라 모습이 달리 보이게 마련이에요.

251

衣

옷 의

한자 어휘 의복 衣服 | 금의환향 錦衣還鄕
호의호식 好衣好食

따라 쓰기 衣

한자어 선 잇기

① 衣복 •	• ㉠ 좋은 옷을 입고 좋은 음식을 먹음
② 금衣환향 •	• ㉡ 몸을 가리고 보호하기 위해 입는 옷
③ 호衣호식 •	• ㉢ 비단옷을 입고(출세해서) 고향에 돌아옴

表는 二[털] + 衣(옷 의)로 봐서
'털 달린 겉옷'으로 기억해 두세요.

252

表

겉 표

한자 어휘 표리부동 表裏不同 | 표면 表面 | 표현 表現

따라 쓰기 表

한자어 선 잇기

④ 表리부동 •	• ㉠ 겉으로 드러난 면
⑤ 表면 •	• ㉡ 겉과 속이 같지 않음
⑥ 表현 •	• ㉢ 겉으로 드러내어 나타냄

253

遠

멀 원

한자 어휘 원격 遠隔 | 원심력 遠心力 | 망원경 望遠鏡

따라 쓰기 遠

한자어 선 잇기

⑦ 遠격 •	• ㉠ 회전의 중심에서 멀어지려는 힘
⑧ 遠심력 •	• ㉡ 멀리 떨어져 있음
⑨ 망遠경 •	• ㉢ 먼 곳의 물체를 확대하여 보는 장치

정답 ①-㉡ ②-㉢ ③-㉠/ ④-㉡ ⑤-㉠ ⑥-㉢/ ⑦-㉡ ⑧-㉠ ⑨-㉢

254

園

동산 원

'동산'은 가까이에 있는 작은 산이나 언덕을 말해요.

園 園 園

울타리 두르고 | 옷자락 늘어뜨리며 | 노니는 | 동산 원

한자 어휘 공원 公園 | 과수원 果樹園 | 낙원 樂園

따라 쓰기 園

한자어 선 잇기

① 공園 •
② 과수園 •
③ 낙園 •

• ㉠ 과실나무를 재배하는 밭
• ㉡ 즐거움만 있는 이상적인 동산
• ㉢ 시민들이 쉬거나 놀도록 만든 정원

실타래를 그린 糸(가는 실 멱)

255

線

줄 선

線 線 線

실이 | 깨끗한 | 물이 흐르듯 길게 뻗은 | 줄 선

한자 어휘 오선 五線 | 무선 無線 | 혼선 混線

따라 쓰기 線

한자어 선 잇기

④ 오線 •
⑤ 무線 •
⑥ 혼線 •

• ㉠ 선이 닿거나 전파가 뒤섞여 통신이 엉클어지는 일
• ㉡ 악보의 음표를 적어 넣은 다섯 개의 나란한 줄
• ㉢ 전선이 없음

손가락으로(丿) 실을 잇는(糸) 모습을 나타낸 系(이을 계)

256

孫

손자 손

孫 孫

아들이 | 대를 잇기 위해 낳은 | 손자 손

한자 어휘 손자 孫子 | 왕손 王孫 | 후손 後孫

따라 쓰기 孫

한자어 선 잇기

⑦ 孫자 •
⑧ 왕孫 •
⑨ 後孫 •

• ㉠ 아들의 아들 또는 딸의 아들
• ㉡ 여러 세대가 지난 뒤의 자녀 모두
• ㉢ 왕의 손자나 그의 후손

정답 ①-㉢ ②-㉠ ③-㉡/ ④-㉡ ⑤-㉢ ⑥-㉠/ ⑦-㉠ ⑧-㉢ ⑨-㉡

257

合

합할 합

뚜껑을
그릇에 덮어
합할 합

한자 어휘 합계 合計 | 합리 合理 | 합창 合唱

따라 쓰기 合

한자어 선 잇기

① 合계 •
② 合리 •
③ 合창 •

• ㉠ 이치에 합당함
• ㉡ 모두 합하여 셈한 값
• ㉢ 목소리를 합하여 함께 노래를 부름

258

會

모일 회

뚜껑 덮은
떡시루를
솥에 얹으니 사람들이
모일 회

한자 어휘 회식 會食 | 회의 會議 | 사회자 司會者

따라 쓰기 會

한자어 선 잇기

④ 會식 •
⑤ 會의 •
⑥ 사會자 •

• ㉠ 여럿이 모여 의논함
• ㉡ 모임의 진행을 맡은 사람
• ㉢ 여럿이 모여 음식을 먹음

259

今

이제 금

뚜껑을
이제 막
덮으니
이제 금

한자 어휘 금년 今年 | 금시초문 今時初聞 | 지금 只今

따라 쓰기 今

한자어 선 잇기

⑦ 今년 •
⑧ 今시초문 •
⑨ 지今 •

• ㉠ 지금의 해, 올해
• ㉡ 바로 이때, 이 시간
• ㉢ 이제야 지금 처음 들음

정답 ①-㉡ ②-㉠ ③-㉢/ ④-㉢ ⑤-㉠ ⑥-㉡/ ⑦-㉠ ⑧-㉢ ⑨-㉡/ ⑩-㉡ ⑪-㉠ ⑫-㉢

260

區

구분할 구

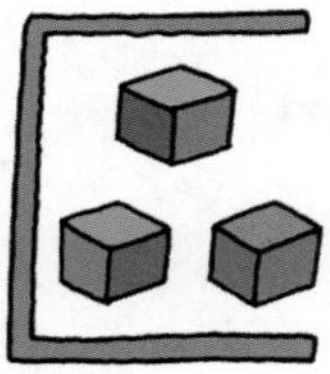

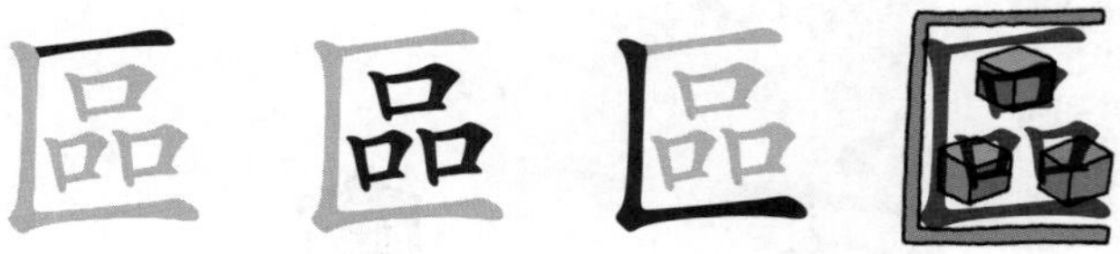

한곳에 / 물건이 / 가지런히 나누어져 있어 / 구분할 구

한자 어휘 구역 區域 | 구분 區分 | 구간 區間

따라 쓰기 區

한자어 선 잇기

⑩ 區역 •
⑪ 區분 •
⑫ 區간 •

• ㉠ 일정한 기준에 따라 나눔
• ㉡ 구분하여 갈라놓은 지역
• ㉢ 어떤 지점과 지점과의 사이

한자 복습 251~260 **빈칸에 알맞은 한자, 훈(뜻)과 음(소리)을 채우세요.**

	園		遠	
손자 손		겉 표		옷 의

	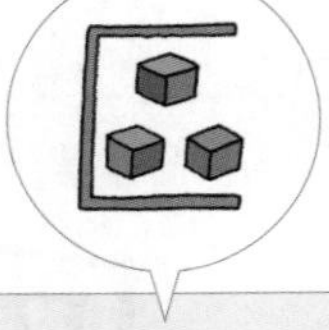		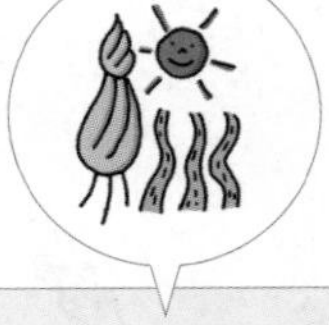	
		合		會
이제 금	구분할 구		줄 선	

261

京

서울 경

京 京 

지붕 아래 다락집을 | 기둥으로 받친 집이 많은 | 서울 경

한자 어휘 개경 開京 | 북경 北京 | 상경 上京

따라 쓰기 京

한자어 선 잇기

① 개京 •
② 북京 •
③ 상京 •

• ㉠ 고려시대의 개성, 지금의 서울
• ㉡ 서울로 올라옴
• ㉢ 화북평야의 북부에 있는 중국의 수도

'京'은 본래 한 나라의 '수도'를 말해요.
우리나라의 수도가 서울이어서 붙은 훈이에요.

262

高

높을 고

高 高 

지붕 아래 다락집과 | 성문 있는 성벽이 | 높을 고

한자 어휘 고귀 高貴 | 고온 高溫 | 천고마비 天高馬肥

따라 쓰기 高

한자어 선 잇기

④ 高귀 •
⑤ 高온 •
⑥ 천高마비 •

• ㉠ 높은 온도
• ㉡ 하늘은 높고 말은 살찜, 풍성한 가을
• ㉢ 인품이나 지위가 높고 귀함

263

向

향할 향

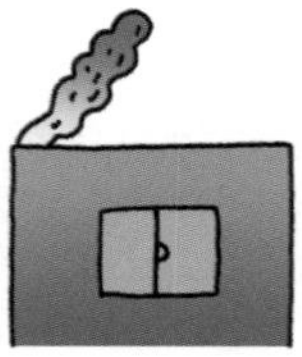

向 向 

한 줄기 연기가 | 창문 위로 피어올라 | 향할 향

한자 어휘 향상 向上 | 방향 方向 | 풍향 風向

따라 쓰기 向

한자어 선 잇기

⑦ 向상 •
⑧ 방向 •
⑨ 풍向 •

• ㉠ 위로 나아감, 실력 등이 나아짐
• ㉡ 향하는 쪽
• ㉢ 바람이 불어오는 방향

정답 ①-㉠ ②-㉢ ③-㉡/ ④-㉢ ⑤-㉠ ⑥-㉡/ ⑦-㉠ ⑧-㉡ ⑨-㉢

264

堂

집 당

堂 堂 堂 

세 줄기 연기가 | 창문 위로 피어오르는 | 흙집 | 집 당

한자 어휘 사당 祠堂 | 서당 書堂 | 식당 食堂

따라 쓰기 堂

한자어 선 잇기

① 사堂 •
② 서堂 •
③ 식堂 •

• ㉠ 음식을 만들어 파는 큰 집
• ㉡ 옛날 민가에서 한문을 가르치던 집
• ㉢ 조상의 위패를 모셔 놓은 집

265

席

자리 석

席 席 席 

큰 집에서 | 여러 사람이 | 수건을 깔고 앉은 | 자리 석

한자 어휘 방석 方席 | 좌석 座席 | 참석 參席

따라 쓰기 席

한자어 선 잇기

④ 방席 •
⑤ 좌席 •
⑥ 참席 •

• ㉠ 앉을 수 있게 준비된 자리
• ㉡ 자리에 나아가 참여함
• ㉢ 앉을 자리에 까는 네모난 깔개

266

度

법도 도

度 度 度 

큰 집에서 | 여러 사람이 | 손으로 헤아리는 | 법도 도

한자 어휘 제도 制度 | 습도 濕度 | 빈도 頻度

'정도'라는 뜻도 있어요.

따라 쓰기 度

한자어 선 잇기

⑦ 제度 •
⑧ 습度 •
⑨ 빈度 •

• ㉠ 제정된 법규
• ㉡ 어떤 일이 되풀이 되는 정도
• ㉢ 습기가 있는 정도

정답 ①-㉢ ②-㉡ ③-㉠/ ④-㉢ ⑤-㉠ ⑥-㉡/ ⑦-㉠ ⑧-㉢ ⑨-㉡

뜻이 비슷한 한자
社 (모일 사) 集 (모을 집) 會 (모일 회)

267

社
모일 사

社 社 

제단 둘레에 / 흙덩이처럼 사람들이 / 모일 사

한자 어휘 사교 社交 | 사회 社會 | 회사 會社

따라 쓰기 社

한자어 선 잇기
① 社교 •
② 社회 •
③ 회社 •

• ㉠ 여러 형태의 집단이나 모임
• ㉡ 영리를 목적으로 설립한 모임
• ㉢ 사람들과 모여서 어울리며 사귐

하늘이 갈라지며[曰] 번개가 내리 뚫는[丨] 申(펼 신)

268

神
귀신 신

神 神 

제단으로 / 번개 치듯 내려오는 / 귀신 신

한자 어휘 신전 神殿 | 신통력 神通力 | 신화 神話

따라 쓰기 神

한자어 선 잇기
④ 神전 •
⑤ 神통력 •
⑥ 神화 •

• ㉠ 신들의 이야기
• ㉡ 신을 모시는 궁전
• ㉢ 신과 같은 불가사의한 힘과 능력

'예도'는 격식을 갖춘 예의 바른 자세와 행동을 말해요.

269

禮
예도 례

禮 禮 禮 

제단에 / 음식을 높이 쌓은 / 제사 그릇을 올리는 / 예도 례

한자 어휘 예배 禮拜 | 예절 禮節 | 실례 失禮

따라 쓰기 禮

한자어 선 잇기
⑦ 禮배 •
⑧ 禮절 •
⑨ 실禮 •

• ㉠ 초월적 존재 앞에 경배하는 의식
• ㉡ 예의와 범절, 그런 태도
• ㉢ 말이나 행동이 예의에 어긋남

정답 ①-㉢ ②-㉠ ③-㉡/ ④-㉡ ⑤-㉢ ⑥-㉠/ ⑦-㉠ ⑧-㉡ ⑨-㉢/ ⑩-㉢ ⑪-㉡ ⑫-㉠

270

體

몸 체

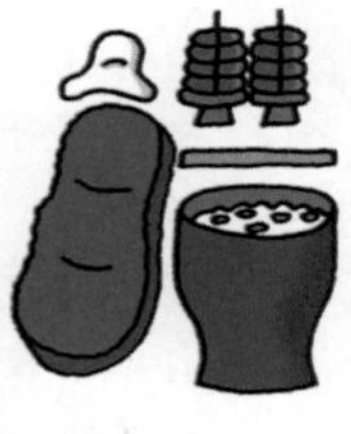

뼈마디에 | 살이 붙어 | 음식을 쌓은 듯 불룩한 | 몸 체

한자 어휘 체온 體溫 | 체중 體重 | 체험 體驗

따라 쓰기 體

한자어 선 잇기

⑩ 體온 •
⑪ 體중 •
⑫ 體험 •

• ㉠ 몸으로 직접 경험함
• ㉡ 몸무게
• ㉢ 몸의 온도

한자 복습 261~270 빈칸에 알맞은 한자, 훈(뜻)과 음(소리)을 채우세요.

법도 도

堂

예도 례

向

서울 경

몸 체

높을 고

社

자리 석

神

33일 차 6급 한자 익히기 271~280

화살로 사냥하면 직접 뛰어가지 않아도 잡을 수 있으니, 사람을 대신하지요.

271

代

대신할 대

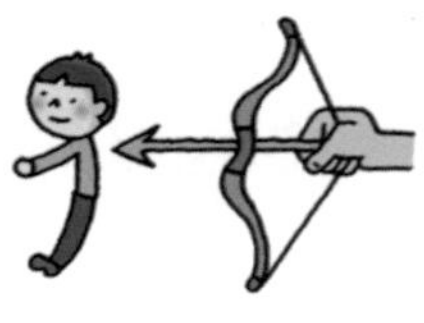

代 代 代 

사람이 가는 대신 | 화살의 | 줄을 당기는 모습 | 대신할 대

한자 어휘 대명사 代名詞 | 대입 代入 | 대표 代表

따라 쓰기 代

한자어 선 잇기

① 代명사 •
② 代입 •
③ 代표 •

• ㉠ 여러 사람을 대신하여 일함 또는 그 사람
• ㉡ 사람이나 사물의 이름을 대신하는 말
• ㉢ 원래 있던 것을 대신하여 넣음

손도끼를 그린 工(장인 공)

272

式

법 식

式 式 式 

화살을 | 손도끼로 잘라 만들어 | 줄을 매다는 | 법 식

한자 어휘 등식 等式 | 방식 方式 | 형식 形式

따라 쓰기 式

한자어 선 잇기

④ 등式 •
⑤ 방式 •
⑥ 형式 •

• ㉠ 모양이 갖는 틀, 절차나 방식
• ㉡ 일정한 방법이나 형식
• ㉢ 등호로 연결된 수식

273

成

이룰 성

成 成 成 

긴 날 창을 | 허리 굽혀 | 내리쳐 | 이룰 성

한자 어휘 성공 成功 | 성과 成果 | 대기만성 大器晚成

따라 쓰기 成

한자어 선 잇기

⑦ 成공 •
⑧ 成과 •
⑨ 대기만成 •

• ㉠ 이루어낸 결과
• ㉡ 큰 그릇은 만드는 시간이 오래 걸림
• ㉢ 공을 들여 이룸

정답 ①-㉡ ②-㉢ ③-㉠/ ④-㉢ ⑤-㉡ ⑥-㉠/ ⑦-㉢ ⑧-㉠ ⑨-㉡

어제 배운 한자 읽기 京高向堂席度社神禮體

274

感

느낄 감

긴 날 창을 | 한 목소리로 내리치며 | 마음으로 | 느낄 감

한자 어휘 감동 感動 | 감상문 感想文 | 호감 好感

따라 쓰기 感

한자어 선 잇기

① 感동 •
② 感상문 •
③ 好感 •

• ㉠ 깊이 느껴 마음이 움직임
• ㉡ 좋은 느낌
• ㉢ 어떤 것에 대한 느낌이나 생각을 적은 글

275

戰

싸움 전

돌멩이 둘을 | 매달고 | 창 들고 싸우는 | 싸움 전

한자 어휘 전쟁 戰爭 | 승전 勝戰 | 임전무퇴 臨戰無退

따라 쓰기 戰

한자어 선 잇기

④ 戰쟁 •
⑤ 승戰 •
⑥ 임戰무퇴 •

• ㉠ 싸움에서 이김
• ㉡ 싸움에 임하여 물러서지 않음
• ㉢ 무력으로 싸우며 다툼

月은 글자의 일부일 때 '달', '배', '고기' 등의 뜻으로 쓰여요.
이 글자에서는 '배'라는 뜻으로 썼어요.

276

勝

이길 승

배에 올라 | 두 손을 꽉 잡고 | 힘써 싸워 | 이길 승

한자 어휘 승리 勝利 | 승패 勝敗 | 결승전 決勝戰

따라 쓰기 勝

한자어 선 잇기

⑦ 勝리 •
⑧ 勝패 •
⑨ 결勝전 •

• ㉠ 이김과 짐을 가리기 위한 최종 경기
• ㉡ 이김과 짐
• ㉢ 겨루어 이김

정답 ①-㉠ ②-㉢ ③-㉡/ ④-㉢ ⑤-㉠ ⑥-㉡/ ⑦-㉢ ⑧-㉡ ⑨-㉠

277

分
나눌 분

양쪽으로 갈라 | 칼로 | 나눌 분

한자 어휘 분석 分析 | 분수령 分水嶺 | 분업 分業

따라 쓰기 分

한자어 선 잇기

① 분석 • • ㉠ 복잡한 것을 단순한 요소로 나눔
② 分수령 • • ㉡ 나누어 일함
③ 分업 • • ㉢ 물이 나뉘어 흐르는 고개

別(별)은 '다를 별'이라는 훈음도 있어요.

278

別
나눌 별

뼈마디를 | 굽어 파고 내리쳐 | 칼로 다르게 나누는 | 나눌 별

한자 어휘 이별 離別 | 차별 差別 | 별명 別名

따라 쓰기 別

한자어 선 잇기

④ 이別 • • ㉠ 서로 나뉘어 떨어짐
⑤ 차別 • • ㉡ 다르게 대하여 불이익을 주는 것
⑥ 別명 • • ㉢ 본래 이름과 다르게 불리는 이름

'좋은 운'이라는 뜻으로 많이 쓰여요.

279

幸
다행 행

손 묶는 | 쇠고랑에 | 묶였다 풀려나니 | 다행 행

한자 어휘 행복 幸福 | 행운 幸運 | 다행 多幸

따라 쓰기 幸

한자어 선 잇기

⑦ 幸복 • • ㉠ 뜻밖에 일이 잘 풀림
⑧ 幸운 • • ㉡ 행복한 운수, 좋은 운수
⑨ 다幸 • • ㉢ 복된 좋은 운수, 삶에서 느끼는 만족과 기쁨

정답 ①-㉠ ②-㉢ ③-㉡/ ④-㉠ ⑤-㉡ ⑥-㉢/ ⑦-㉢ ⑧-㉡ ⑨-㉠/ ⑩-㉡ ⑪-㉢ ⑫-㉠

280

形

모양 형

나무 형틀과 | 머리털의 검은 빛깔을 그린 | 모양 형

한자 어휘 형성 形成 | 변형 變形 | 인형 人形

따라 쓰기 形

한자어 선 잇기

⑩ 形성 •
⑪ 변形 •
⑫ 인形 •

• ㉠ 사람 모양의 장난감
• ㉡ 사물의 생긴 모양을 이룸
• ㉢ 모양이나 형태가 바뀜

한자 복습 271~280 빈칸에 알맞은 한자, 훈(뜻)과 음(소리)을 채우세요.

				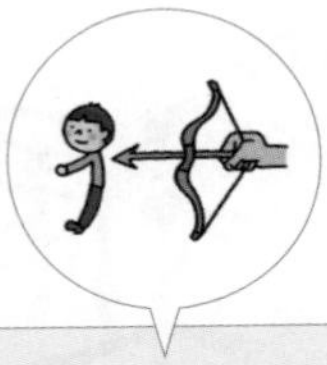
	感		成	
이길 승		모양 형		대신할 대

	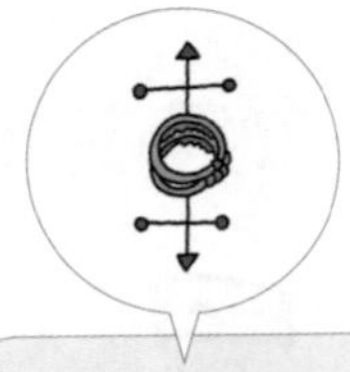			
		分		別
법 식	다행 행		싸움 전	

281

用

쓸 용

울타리를 | 가로로 엮고 | 기둥을 세워 | 쓸 용

한자 어휘 용어 用語 | 용지 用紙 | 이용 利用

따라 쓰기 用

한자어 선 잇기

① 用어 •
② 用지 •
③ 이用 •

• ㉠ 일정 분야에서 주로 쓰는 말
• ㉡ 필요에 따라 이롭게 씀
• ㉢ 어떤 일에 쓰이는 종이

282

通

통할 통

머리를 | 울타리 위로 솟구치며 | 큰길을 꿰뚫고 달려 | 통할 통

한자 어휘 통과 通過 | 통로 通路 | 통화 通話

따라 쓰기 通

한자어 선 잇기

④ 通과 •
⑤ 通로 •
⑥ 通화 •

• ㉠ 통하여 다니는 길
• ㉡ 어느 곳을 통하여 지나감
• ㉢ 전화를 통하여 말을 주고받음

'날래다'는 사람이나 동물의 움직임이 나는 듯이 빠르다는 뜻이에요.

283

勇

날랠 용

머리를 | 밭 위로 솟구치며 | 힘차게 달려 | 날랠 용

한자 어휘 용기 勇氣 | 용단 勇斷 | 용사 勇士

따라 쓰기 勇

한자어 선 잇기

⑦ 勇기 •
⑧ 勇단 •
⑨ 勇사 •

• ㉠ 날래고 씩씩한 기운
• ㉡ 용기를 가지고 결단함
• ㉢ 날래고 씩씩한 사람

정답 ①-㉠ ②-㉢ ③-㉡/ ④-㉡ ⑤-㉠ ⑥-㉢/ ⑦-㉠ ⑧-㉡ ⑨-㉢

어제 배운 한자 읽기 代 式 成 感 戰 勝 分 別 幸 形

284

功

공 공

功 功 

손도끼로 힘써 일하여 세운 공 공

한자 어휘 공덕 功德 | 공로 功勞 | 공적 功績

따라 쓰기 功

한자어 선 잇기

① 功덕 •
② 功로 •
③ 功적 •

• ㉠ 공들인 수고와 노력
• ㉡ 공로와 덕행
• ㉢ 쌓아 이룬 공로

활을 본뜬 弓(활 궁)

285

強

강할 강

強 強 強 

활처럼 휜 집게와 큰턱을 가진 사슴벌레처럼 강할 강

한자 어휘 강대국 強大國 | 강도 強盜 | 강적 強敵

따라 쓰기 強

한자어 선 잇기

④ 強대국 •
⑤ 強도 •
⑥ 強적 •

• ㉠ 강한 무력으로 남의 것을 빼앗는 도둑
• ㉡ 강한 적
• ㉢ 강하고 큰 나라

286

第

차례 제

第 第 

대나무 마디 차례로 생기듯 몸 구부렸다 일어나는 차례 제

한자 어휘 제삼자 第三者 | 낙제 落第 | 안전제일 安全第一

따라 쓰기 第

한자어 선 잇기

⑦ 第삼자 •
⑧ 낙第 •
⑨ 안전第일 •

• ㉠ 당사자가 아닌 세 번째 사람
• ㉡ 차례에 따라 진학하지 못하고 떨어짐
• ㉢ 안전이 첫째로 중요함

정답 ①-㉡ ②-㉠ ③-㉢/ ④-㉢ ⑤-㉠ ⑥-㉡/ ⑦-㉠ ⑧-㉡ ⑨-㉢

깃봉 아래 깃발을 그린 方(모 방)
막대를 손에 쥐고 내리치는 모양을 나타낸 攵(칠 복)

287

放
놓을 방

깃발 들고
막대 내리쳐 짐승 흩어 놓는
놓을 방

한자 어휘 개방 開放 | 방학 放學 | 방목 放牧

따라 쓰기 放

한자어 선 잇기

① 개放 •
② 放학 •
③ 放목 •

• ㉠ 가축을 풀어 놓고 기름
• ㉡ 학업을 잠시 놓고 일정기간 쉼
• ㉢ 문을 열어 놓음

화살촉과 화살대를 그린 矢(화살 시)

288

族
겨레 족

깃발 들고
고개 숙인 사람들이
화살 묶음처럼 모여 있는
겨레 족

한자 어휘 가족 家族 | 씨족 氏族 | 족보 族譜

따라 쓰기 族

한자어 선 잇기

④ 가族 •
⑤ 씨族 •
⑥ 族보 •

• ㉠ 같은 조상을 가진 친족 집단
• ㉡ 집안의 혈연 관계를 기록한 책
• ㉢ 한 집에 사는 같은 핏줄의 사람

业은 북이 굴러 떨어지지 않도록 막대를 받쳐 놓은 모양이에요.

289

業
업 업

북틀을
받치고
기둥도 세우는
업 업

한자 어휘 산업 産業 | 졸업 卒業 | 직업 職業

따라 쓰기 業

한자어 선 잇기

⑦ 산業 •
⑧ 졸業 •
⑨ 직業 •

• ㉠ 재화나 서비스를 생산하는 일
• ㉡ 학업 과정을 모두 마침
• ㉢ 직업상 하는 일

정답 ①-㉢ ②-㉡ ③-㉠/ ④-㉢ ⑤-㉠ ⑥-㉡/ ⑦-㉠ ⑧-㉡ ⑨-㉢/ ⑩-㉢ ⑪-㉡ ⑫-㉠

對(대할 대)는 '마주하다'라는 뜻도 있어요.

290

對

대할 대

對 對 對 

북틀 받치는	기둥을	손으로 잡고 마주	대할 대

한자 어휘 대답 對答 | 대각선 對角線 | 대화 對話

따라 쓰기 對

한자어 선 잇기

- ⑩ 對답 •
- ⑪ 對각선 •
- ⑫ 對화 •

- • ㉠ 마주보고 이야기를 주고받음
- • ㉡ 서로 이웃하지 않는 두 꼭짓점을 잇는 선
- • ㉢ 물음에 대한 답

한자 복습 281~290 빈칸에 알맞은 한자, 훈(뜻)과 음(소리)을 채우세요.

	功		勇	
차례 제		강할 강		쓸 용

		放		族
업 업	통할 통		대할 대	

귓바퀴와 귓구멍을 그린 耳(귀 이)

291

聞

들을 문

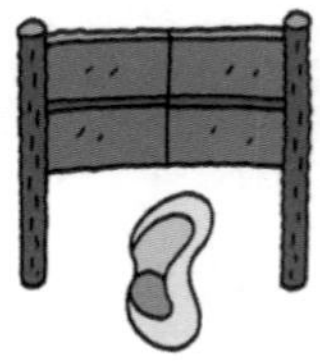

聞 문에 | 聞 귀를 대고 | 들을 문

한자 어휘 견문 見聞 | 소문 所聞 | 신문 新聞

따라 쓰기 聞

한자어 선 잇기

① 견聞 •
② 소聞 •
③ 신聞 •

• ㉠ 사람들 귀에 전하여 들리는 것
• ㉡ 보고 들어 깨달은 지식
• ㉢ 새로운 소식이나 견문

빗장은 문을 닫고 가로질러 잠그는 막대기를 가리켜요.

292

開

열 개

開 문의 | 開 빗장을 | 開 두 손 맞잡아 | 열 개

한자 어휘 개발 開發 | 개항 開港 | 개화 開花

따라 쓰기 開

한자어 선 잇기

④ 開발 •
⑤ 開항 •
⑥ 開화 •

• ㉠ 개척하고 발전시켜 새로운 것을 만들어 냄
• ㉡ 꽃이 핌
• ㉢ 항구를 열어 출입을 허가함

팔 들고 앉아(土) 목탁 쥐고(寸) 염불하는 모습을 본뜬 寺(절 사)

293

待

기다릴 대

待 큰길에서 | 待 절에 가려고 | 기다릴 대

한자 어휘 대합실 待合室 | 초대 招待 | 학수고대 鶴首苦待

따라 쓰기 待

한자어 선 잇기

⑦ 待합실 •
⑧ 초待 •
⑨ 학수고待 •

• ㉠ 사람을 부르고 기다려 대접함
• ㉡ 기차나 버스를 기다리며 머무는 곳
• ㉢ 학처럼 목을 빼고 애타게 기다림

정답 ①-㉡ ②-㉠ ③-㉢/ ④-㉠ ⑤-㉢ ⑥-㉡/ ⑦-㉡ ⑧-㉠ ⑨-㉢

어제 배운 한자 읽기 用 通 勇 功 強 第 放 族 業 對

294

特

특별할 특

特 特 

소는 / 절에서 특별한 짐승이니 / 특별할 특

한자 어휘 **특공대** 特攻隊 | **특별** 特別 | **특성** 特性

따라 쓰기 特

한자어 선 잇기

① 特공대 • • ㉠ 보통과 다름
② 特별 • • ㉡ 그 사물의 특수한 성질
③ 特성 • • ㉢ 기습 공격을 위해 특별히 훈련된 부대

한자 머리에 있는 부수 'ᄷ'는 竹(대 죽)을 뜻해요.

295

等

무리 등

等 等 

대나무가 무리 지어 / 절에서 자라는 / 무리 등

한자 어휘 **등수** 等數 | **등호** 等號 | **동등** 同等

따라 쓰기 等

한자어 선 잇기

④ 等수 • • ㉠ 두 식 또는 두 수가 같음을 나타내는 부호
⑤ 等호 • • ㉡ 등급에 따라 정한 차례
⑥ 동等 • • ㉢ 등급이 같음

군사들(冖)이 수레(車)를 옮기는 모습을 나타낸 軍(군사 군)

296

運

옮길 운

運 運 

군사가 수레 옮기며 / 큰길 달리는 / 옮길 운

한자 어휘 **운전** 運轉 | **운반** 運搬 | **운명** 運命

'운, 운수'라는 뜻도 있어요.

따라 쓰기 運

한자어 선 잇기

⑦ 運전 • • ㉠ 운에 따라 정해진 목숨
⑧ 運반 • • ㉡ 기계나 자동차를 움직여 굴림
⑨ 運명 • • ㉢ 물건을 옮겨 나름

정답 ①-㉢ ②-㉠ ③-㉡/ ④-㉡ ⑤-㉠ ⑥-㉢/ ⑦-㉡ ⑧-㉢ ⑨-㉠

省(살필 성)은 '덜다'는 뜻의 '덜 생'이라는 훈음도 있어요.

297

省

살필 성

省 적어지도록 | 省 눈으로 살펴 덜어내는 | 省 살필 성

한자 어휘 성묘 省墓 | 반성 反省 | 생략 省略

'깨닫다'라는 뜻도 있어요.

따라 쓰기 省

한자어 선 잇기

① 省묘 • • ㉠ (자신의 언행을)돌이켜 생각하여 깨닫고 뉘우침
② 반省 • • ㉡ 조상의 묘를 찾아 살핌
③ 省략 • • ㉢ 덜어내고 줄임

小(작을 소)는 둘로 갈라 모양이 작은 것을 뜻해요.

298

消

사라질 소

消 물속에 | 消 작은 | 消 고깃덩이를 빠뜨리니 | 消 사라질 소

한자 어휘 소독 消毒 | 소멸 消滅 | 소방 消防

따라 쓰기 消

한자어 선 잇기

④ 消독 • • ㉠ 불을 끄거나 예방함
⑤ 消멸 • • ㉡ 사라져 없어짐
⑥ 消방 • • ㉢ 독성을 사라지게 함

樂은 즐길 락, 노래 악, 좋아할 요 등 훈음이 여럿이에요.

299

樂

즐길 락

樂 흰 방울을 | 樂 실로 | 樂 나무에 매달아 흔들며 | 樂 즐길 락

한자 어휘 낙원 樂園 | 음악 音樂 | 쾌락 快樂

따라 쓰기 樂

한자어 선 잇기

⑦ 樂원 • • ㉠ 유쾌하고 즐거움
⑧ 음樂 • • ㉡ 즐거움만 있는 이상적인 동산
⑨ 쾌樂 • • ㉢ 목소리나 악기로 연주하는 것

정답 ①-㉡ ②-㉠ ③-㉢/ ④-㉢ ⑤-㉡ ⑥-㉠/ ⑦-㉡ ⑧-㉢ ⑨-㉠/ ⑩-㉡ ⑪-㉠ ⑫-㉢

300

藥

약 약

藥 藥 

약초 먹고 | 즐겁게 지내면 병이 낫는 | 약 약

한자 어휘 약국 藥局 | 약초 藥草 | 치약 齒藥

따라 쓰기 藥

한자어 선 잇기

⑩ 藥국 •
⑪ 藥草 •
⑫ 치藥 •

• ㉠ 약으로 쓰는 풀
• ㉡ 약을 조제하거나 파는 곳
• ㉢ 이를 닦는 데 쓰는 약

한자 복습 291~300 **빈칸에 알맞은 한자, 훈(뜻)과 음(소리)을 채우세요.**

옮길 운

特

즐길 락

待

들을 문

약 약

열 개

省

무리 등

消

36일 차 6급 한자 복습하기 251~300

선 잇기 한자를 보고 해당하는 한자 풀이말을 찾아 선으로 이으세요.

1 強 •
2 會 •
3 樂 •
4 體 •
5 堂 •
6 對 •

• 뼈마디에 살이 붙어 음식을 쌓은 듯 불룩한 **몸** 체
• 북틀 받치는 기둥을 손으로 잡고 마주 **대할** 대
• 세 줄기 연기가 창문 위로 피어오르는 흙집, **집** 당
• 활처럼 휜 집게와 큰턱을 가진 사슴벌레처럼 **강할** 강
• 흰 방울을 실로 나무에 매달아 흔들며 **즐길** 락
• 뚜껑 덮은 떡시루를 솥에 얹으니 사람들이 **모일** 회

한자 찾기 훈음을 보고 해당하는 한자를 찾아 ○하세요.

1 예도 례 社 : 神 : 禮
2 무리 등 待 : 特 : 等
3 싸움 전 戰 : 勝 : 別
4 멀 원 表 : 遠 : 園
5 날랠 용 通 : 勇 : 強
6 살필 성 省 : 消 : 聞
7 법도 도 堂 : 席 : 度
8 줄 선 衣 : 會 : 線
9 업 업 第 : 業 : 對
10 이룰 성 代 : 式 : 成

훈음쓰기 한자의 훈음을 쓰세요.

1 勝 (　　　　　　　　)

2 族 (　　　　　　　　)

3 表 (　　　　　　　　)

4 待 (　　　　　　　　)

5 京 (　　　　　　　　)

6 運 (　　　　　　　　)

7 孫 (　　　　　　　　)

8 第 (　　　　　　　　)

9 形 (　　　　　　　　)

10 席 (　　　　　　　　)

한자읽기 문장을 읽고, 밑줄 친 한자 어휘는 한글로 쓰세요.

1 신藥이 개발되면 불치병도 치료할 수 있게 될 거예요.

2 그리스 로마 神화에는 힘센 영웅과 무시무시한 괴물이 나와요.

3 건물에 放화를 저지른 범인이 붙잡혔습니다.

4 시를 암송하고 이야기를 실감나게 읽으며 感동을 나누어요.

5 화園에 들어서자 진한 꽃향기가 코끝에 닿았습니다.

6 여러 나라를 여행하면서 견聞을 넓혀 보세요.

한국어문회 한자능력검정시험 안내

시험 일정

정기 시험과 수시 시험이 모두 있습니다. 정기 시험은 보통 2월·5월·8월·11월에 시행됩니다. 한 달 전 일정을 미리 확인하고 온라인 접수해야 합니다. 정기 시험은 놓쳤더라도 수시 시험을 볼 수 있습니다. 수시 시험은 말 그대로 수시로 진행되므로 정확한 일정은 한국어문회 홈페이지를 통해 확인해야 합니다.

시험 시간은 민간 자격(8급~4급)은 오전 11시, 공인 자격(3급 II~특급)은 오후 3시로 다르므로 알아두세요.

시험 종류와 특징

한국어문회 한자능력검정시험은 민간 자격(8급~4급)와 공인 자격(3급 II~특급)으로 나뉩니다.

8급은 50자, 7급 150자, 6급 300자를 읽을 수 있어야 합니다. 6급은 300자 중 150자를 쓸 수 있어야 하므로 주의하세요.

모든 급수의 배정 한자는 아래 급수에서 배운 한자를 포함합니다. 예를 들어 7급 배정 한자는 8급 배정 한자가 포함되어 있습니다.

그리고 7급 II는 준7급이라고 부르기도 합니다. 7급과 8급사이 배정 한자 수의 차이를 줄이기 위한 급수입니다.

	8급	7급 II	7급	6급 II	6급
읽기	50자	100자	150자	225자	300자
쓰기	0	0	0	50자	150자

문제 유형

8급과 7급 시험의 문제는 독음(한자를 읽는 소리)과 훈음(한자의 뜻과 소리)을 확인하는 문제가 주를 이룹니다. 6급 시험은 7,8급과 달리 **한자 쓰기** 문제가 출제됩니다.

이 외 문제 유형에는 반대 또는 상대되는 글자나 단어를 찾는 **반의어, 상대어** 문제나 고사성어나 단어의 빈칸을 채우는 **완성형** 문제, 고사성어나 단어의 뜻을 묻는 **뜻 풀이** 문제 등이 있습니다.

	8급	7급	6급
독음	24문항	32문항	33문항
훈음	24문항	30문항	22문항
반의어, 상대어	0	2문항	3문항
완성형	0	2문항	3문항
동의어, 유의어	0	0	2문항
동음이의어	0	0	2문항
뜻 풀이	0	2문항	2문항
한자 쓰기	0	0	20문항
필순	2문항	2문항	3문항
	50문항	70문항	90문항

⊕ 더 알고 싶나요?

1 시험을 8급, 7급 순서로 순차적으로 치러야 하나요?

아니오, 원하는 급수에 바로 응시할 수 있어요!

2 6급 시험을 보려면 7급과 8급 한자를 모두 알아야 하나요?

네, 6급 배정한자 300자에는 새로 배우는 한자가 150자이고, 하위 급수(7급, 8급) 150자 한자가 누적되어 있어요.

모의 漢字 능력검정시험

8급·7급·6급

시험장처럼
답안지에 답쓰는
연습도 해 봐요!

- **출제 기준:** (사) 한국어문회 한자능력검정시험
- **시험 문항:** 8급 50문항/7급 70문항/6급 90문항
- **시험 시간:** 50분
- **합격 기준:** 8급 35문항/7급 49문항/6급 63문항 (70점 이상)

8급 모의 한자능력검정시험

시험 시간 50분 | 합격 문항 수 50개 중 35개

[1-10] 글의 ( ) 안에 있는 漢字한자의 讀音(독음: 읽는 소리)을 쓰세요.

〈보기〉
(韓) → 한

[1] (兄)

[2] (弟)는

[3] 3(月) 1일

[4] (金)요일에

[5] (學)

[6] (校)에서

[7] 대(韓)

[8] (民)

[9] (國)

[10] (萬)세를 불렀습니다.

[11-20] 訓(훈: 뜻)이나 音(음: 소리)에 알맞은 漢字한자를 〈보기〉에서 찾아 그 번호를 쓰세요.

〈보기〉
① 大 ② 教 ③ 土 ④ 六 ⑤ 室
⑥ 先 ⑦ 軍 ⑧ 南 ⑨ 校 ⑩ 火

[11] 남녘

[12] 학교

[13] 륙

[14] 군사

[15] 집

[16] 불

[17] 흙

[18] 가르치다

[19] 대

[20] 먼저

[21-30] 밑줄 친 말에 해당하는 漢字한자를 〈보기〉에서 찾아 그 번호를 쓰세요.

〈보기〉
① 外 ② 山 ③ 長 ④ 弟 ⑤ 國
⑥ 日 ⑦ 韓 ⑧ 王 ⑨ 中 ⑩ 青

[21] 산에 오르니 공기가 맑습니다.

[22] 어진 임금은 신하의 말에 귀 기울여야 합니다.

[23] 내 친구는 항상 아우를 배려합니다.

[24] 한국은 이제 문화 강국이 되었습니다.

[25] 넓고 푸른 바다를 보면 가슴이 탁 트입니다.

[26] 기린은 동물 가운데 목이 제일 길다고 합니다.

[27] 감기 기운이 있어 바깥에 나가지 않았습니다.

[28] 아빠는 식탁 가운데에 갈비찜을 올려놓으셨습니다.

[29] 나라마다 고유한 문화가 있습니다.

[30] 오늘은 소풍 가는 날입니다.

[31-40] 漢字한자의 訓(훈: 뜻)과 音(음: 소리)을 쓰세요.

〈보기〉

漢 → 한나라 한

[31] 東

[32] 民

[33] 白

[34] 八

[35] 外

[36] 七

[37] 水

[38] 學

[39] 萬

[40] 軍

[41-44] 漢字한자의 訓(훈: 뜻)을 〈보기〉에서 찾아 그 번호를 쓰세요.

〈보기〉

① 서녘 ② 마디 ③ 아홉 ④ 작다

[41] 寸

[42] 九

[43] 小

[44] 西

[45-48] 漢字한자의 音(음: 소리)을 〈보기〉에서 찾아 그 번호를 쓰세요.

〈보기〉

① 오 ② 북 ③ 년 ④ 부

[45] 父

[46] 北

[47] 五

[48] 年

[49-50] 漢字한자의 진하게 표시한 획은 몇 번째 쓰는지 〈보기〉에서 찾아 그 번호를 쓰세요.

〈보기〉

① 첫 번째 ② 두 번째
③ 세 번째 ④ 네 번째
⑤ 다섯 번째 ⑥ 여섯 번째
⑦ 일곱 번째 ⑧ 여덟 번째
⑨ 아홉 번째 ⑩ 열 번째
⑪ 열한 번째 ⑫ 열두 번째
⑬ 열세 번째 ⑭ 열네 번째
⑮ 열다섯 번째 ⑯ 열여섯 번째
⑰ 열일곱 번째 ⑱ 열여덟 번째

[49]

[50]

7급 모의 한자능력검정시험

시험 시간 50분 | 합격 문항 수 70개 중 49개

[1-32] 밑줄 친 漢字語한자어의 讀音독음을 쓰세요.

〈보기〉
漢字 → 한자

[1] 친구와 江南역 3번 출구에서 만나기로 했습니다.

[2] 산에서는 어두워지기 전에 下山해야 합니다.

[3] 적군을 그들의 힘으로 막는 것은 力不足이었습니다.

[4] 사람들이 마라톤 선수들을 향해 手旗를 흔들며 응원했습니다.

[5] 午前 일과를 마치고 점심을 먹었습니다.

[6] 거실 한쪽에 있는 白色의 도자기가 눈에 띄었습니다.

[7] 우리 先祖들의 생활양식은 자연과 조화를 이루고 있습니다.

[8] 青少年을 위한 문화 공간이 더욱 많이 필요합니다.

[9] 몸을 건강하게 하는 것이 孝道의 시작입니다.

[10] 우리 가족은 올여름에 南海에 놀러 갔습니다.

[11] 계속되는 무더위로 電力 소비가 늘어나고 있습니다.

[12] 물건을 받는 곳의 住所를 정확히 적어주세요.

[13] 이 건물은 흡연이 全面 금지되어 있습니다.

[14] 아들의 치료 약을 구하려고 百方으로 알아보았습니다.

[15] 애국지사들이 主動이 되어 독립운동이 일어났습니다.

[16] 그녀는 算數에 능하여 복잡한 계산도 금방 해냅니다.

[17] 우리 집은 祖上 대대로 이 마을에서 살아왔습니다.

[18] 누나는 우리 집의 家長이 되어 살림을 꾸렸습니다.

[19] 윤수는 숙제가 너무 많다고 不平하고 있습니다.

[20] 인천 方面으로 가려면 지하철 1호선을 타야 합니다.

[21] 시험 전에 선생님께서 答紙를 나눠주셨습니다.

[22] 아침에 할머니께 問安을 드리러 갔습니다.

[23] 國事를 결정할 때 국민의 의사를 충분히 살펴야 합니다.

[24] 윷놀이는 남녀老少가 즐길 수 있는 전통 놀이입니다.

[25] 寸數를 따져 보니 그는 나와 오촌이었습니다.

[26] 국민을 외면한 정책에 民心이 동요했습니다.

[27] 발표회에서 手話와 함께 노래를 했습니다.

[28] 백제의 군사는 성을 三重으로 포위하였습니다.

[29] 목표한 바를 이루려면 每事에 성실해야 합니다.

[30] 대중교통에서는 年老하신 어르신들께 자리를 양보합시다.

[31] 시험장에 入室하기 전, 소지품을 보관함에 넣어 주세요.

[32] 행복을 위해 반드시 많이 所有해야만 하는 것은 아닙니다.

[33-34] 밑줄 친 漢字語한자어를 〈보기〉에서 찾아 그 번호를 쓰세요.

〈보기〉
① 兄夫 ② 地下 ③ 活力 ④ 同時

[33] 신호탄이 울림과 동시에 선수들이 출발했습니다.

[34] 팔고 남은 상품을 지하 창고에 보관하였습니다.

[35-54] 漢字한자의 訓(훈:뜻)과 音(음:소리)을 쓰세요.

〈보기〉
字 → 글자 자

[35] 海

[36] 室

[37] 漢

[38] 話

[39] 然

[40] 北

[41] 旗

[42] 市

[43] 記

[44] 秋

[45] 活

[46] 教

[47] 答

[48] 東

[49] 場

[50] 家

[51] 姓

[52] 軍

[53] 道

[54] 夏

[55-64] 訓(훈:뜻)과 音(음:소리)에 맞는 漢字한자를 〈보기〉에서 골라 그 번호를 쓰세요.

〈보기〉
① 重 ② 便 ③ 登 ④ 農 ⑤ 時
⑥ 植 ⑦ 氣 ⑧ 北 ⑨ 物 ⑩ 洞

[55] 오를 등

[56] 골 동

[57] 북녘 북

[58] 농사 농

[59] 편할 편

[60] 때 시

[61] 기운 기

[62] 무거울 중

[63] 물건 물

[64] 심을 식

[65-66] 漢字한자의 상대 또는 반대되는 漢字한자를 〈보기〉에서 골라 그 번호를 쓰세요.

〈보기〉
① 地 ② 學 ③ 先 ④ 右

[65] 後 ↔ (　　)

[66] 左 ↔ (　　)

[67-68] 뜻에 맞는 漢字語한자어를 〈보기〉에서 찾아 그 번호를 쓰세요.

〈보기〉
① 市場 ② 算出 ③ 記事 ④ 直面

[67] 어떠한 일을 직접 당하거나 접함.

[68] 계산하여 냄.

[69-70] 漢字한자의 진하게 표시한 획은 몇 번째 쓰는지 〈보기〉에서 찾아 그 번호를 쓰세요.

〈보기〉
① 첫 번째 ② 두 번째
③ 세 번째 ④ 네 번째
⑤ 다섯 번째 ⑥ 여섯 번째
⑦ 일곱 번째 ⑧ 여덟 번째
⑨ 아홉 번째 ⑩ 열 번째

[69]

[70]

6급 모의 한자능력검정시험

시험 시간 50분 | 합격 문항 수 90개 중 63개

[1-33] 밑줄 친 漢字語한자어의 讀音독음을 쓰세요.

〈보기〉
漢字 → 한자

[1] 우리 팀의 勝利는 서로에 대한 믿음 덕분이었습니다.

[2] 그 特使는 두 나라를 오가며 전쟁 중단을 위해 힘썼습니다.

[3] 집을 지을 때 설계 圖面을 꼼꼼히 확인해야 합니다.

[4] 두 친구는 헤어지며 永遠한 우정을 약속하였습니다.

[5] 古代 이집트 문명은 나일강 유역에서 번성하였습니다.

[6] 승패보다 중요한 것이 서로의 和合입니다.

[7] 그는 어릴 때부터 수학에서 頭角을 나타내었습니다.

[8] 성장기 여드름은 대부분 호르몬의 作用으로 생깁니다.

[9] 그는 빌딩 옥상에서 地上의 도로를 내려다보았습니다.

[10] 교통사고 事例가 많은 곳에서는 주의해야 합니다.

[11] 그는 조용히 눈을 감고 오늘 하루의 생활을 反省하였습니다.

[12] 결혼에 관한 風習은 나라마다 각각 다릅니다.

[13] 아이들은 나비가 날아가는 方向으로 신나게 달려갔습니다.

[14] 울창한 樹木 사이로 햇살이 싱그럽게 빛납니다.

[15] 산업 폐기물의 무분별한 放出은 강과 대지를 오염시킵니다.

[16] 近間에 성남시 탄천에서 버들치가 발견됐습니다.

[17] 이번 일은 평화를 위한 모범적인 先例가 될 것입니다.

[18] 우리는 고지를 탈환하기 위해 晝夜를 가리지 않고 싸웠습니다.

[19] 그는 글과 그림 그리고 음악까지 多才를 보였습니다.

[20] 친구의 목소리를 듣자마자 합격했음을 直感했습니다.

[21] 아이는 아빠와 도서관에 들러 童話책을 빌렸습니다.

[22] 陽數는 0보다 큰 실수를 이르는 말입니다.

[23] 아빠는 딸에게 건강에 注意하라고 간곡히 당부하셨습니다.

[24] 우리는 하나밖에 없는 地球를 아끼고 보존해야 합니다.

[25] 엄마는 초등학교 동창들을 만나 親交를 나누었습니다.

[26] 태조 이성계는 조선이라는 새로운 王朝를 세웠습니다.

[27] 이번 달이 지나면 정들었던 친구들과 作別해야 합니다.

[28] 黃太는 빛깔이 누르고 살이 연하며 맛이 좋습니다.

[29] 초등학교 때 좋은 정서와 태도를 形成하는 것이 중요합니다.

[30] 세면도구는 各自 준비해 주세요.

[31] 정치의 根本은 국민을 주인으로 생각하는 것입니다.

[32] 손만두가 맛있다는 所聞이 금세 퍼졌습니다.

[33] 오늘날 지구의 평균 溫度가 급격히 상승하고 있습니다.

[34-55] 漢字한자의 訓훈과 音음을 쓰세요.

〈보기〉
字 → 글자 자

[34] 園 [45] 讀

[35] 愛 [46] 色

[36] 開 [47] 果

[37] 族 [48] 野

[38] 綠 [49] 登

[39] 溫 [50] 急

[40] 堂 [51] 使

[41] 飮 [52] 線

[42] 書 [53] 者

[43] 油 [54] 禮

[44] 別 [55] 速

[56-75] 밑줄 친 漢字語한자어를 漢字한자로 쓰세요.

〈보기〉
한자 → 漢字

[56] 식수가 아닌 물을 함부로 마시면 위험합니다.

[57] 가족들 덕분에 불안을 이길 수 있었습니다.

[58] 교장 선생님은 책 읽기가 중요하다고 강조하셨습니다.

[59] 유조선 사고 지역의 해수를 분석한 결과 오염이 심했습니다.

[60] 심리학은 인간관계의 내면을 탐구합니다.

[61] 이 땅에는 선조가 남긴 귀중한 유산이 많습니다.

[62] 그는 정직하고 청렴한 사람입니다.

[63] 올해 벼농사는 말 그대로 풍작입니다.

[64] 적군은 항복의 표시로 백기를 들어올렸습니다.

[65] 포항은 철강 산업에 좋은 입지 조건을 갖추고 있습니다.

[66] 이 섬은 아름다운 자연경관을 갖고 있습니다.

[67] 엄마는 우리 형제의 건강을 항상 염려하십니다.

[68] 옛날에는 부모님께 아침마다 문안 인사를 드렸습니다.

[69] 추석에는 햅쌀로 송편을 빚습니다.

[70] 공부할 때 편안한 자세로 앉는 것이 중요합니다.

[71] 봄이 되면 뜰에 온갖 화초가 어우러져 핍니다.

[72] 물은 중력의 작용으로 높은 곳에서 낮은 곳으로 흐릅니다.

[73] 그는 자전거를 타고 세상 곳곳을 돌아다녔습니다.

[74] 이번 모임의 시간과 장소는 따로 알려 드리겠습니다.

[75] 좁은 공간을 잘 활용할 수 있는 가구를 주문하였습니다.

[76-78] 한자와 뜻이 반대(또는 상대)되는 한자를 골라 번호를 쓰세요.

[76] 昨: ① 童 ② 現 ③ 果 ④ 今

[77] 祖: ① 聞 ② 醫 ③ 孫 ④ 勇

[78] 晝: ① 畫 ② 夜 ③ 愛 ④ 注

[79-80] 漢字한자와 뜻이 같거나 비슷한 漢字한자를 골라 그 번호를 쓰세요.

[79] 郡: ① 邑 ② 班 ③ 愛 ④ 表

[80] 文: ① 和 ② 業 ③ 少 ④ 書

[81-83] (　)에 들어갈 가장 알맞은 漢字[한자]를 〈보기〉에서 찾아 그 번호를 쓰세요.

〈보기〉

① 樹　② 短　③ 答　④ 弱
⑤ 川　⑥ 發　⑦ 藥　⑧ 始

[81] 晝夜長(　　): 밤낮으로 쉬지 아니하고 연달아.

[82] 東問西(　　): 묻는 말에 전혀 딴 말을 함.

[83] 百(　　)百中: 백 번 쏘아 백 번 맞힌다는 뜻으로 쏠 때마다 다 맞음을 이르는 말.

[84-85] 漢字[한자]와 소리(音)는 같으나 뜻(訓)이 다른 漢字[한자]를 골라 그 번호를 쓰세요.

[84] 朝: ① 午　② 夜　③ 祖　④ 英

[85] 圖: ① 度　② 番　③ 野　④ 美

[86-87] 뜻에 맞는 漢字語[한자어]를 〈보기〉에서 찾아 그 번호를 쓰세요.

〈보기〉

① 空席　② 野草　③ 功理
④ 戰線　⑤ 電線　⑥ 前線

[86] 전류가 흐르는 선.

[87] 들에 저절로 나는 풀.

[88-90] 漢字[한자]에서 진하게 표시한 획은 몇 번째 쓰는지 〈보기〉에서 찾아 그 번호를 쓰세요.

〈보기〉

① 첫 번째　② 두 번째
③ 세 번째　④ 네 번째
⑤ 다섯 번째　⑥ 여섯 번째
⑦ 일곱 번째　⑧ 여덟 번째
⑨ 아홉 번째　⑩ 열 번째
⑪ 열한 번째　⑫ 열두 번째
⑬ 열세 번째

[88]

[89]

[90]

바빠

급수 시험과 어휘력 잡는

초등 한자 총정리

복습 및 모의 시험

정답

① 정답을 확인한 후 틀리거나 헷갈린 한자는 표시해 두세요~

② 그리고 그 한자들만 다시 외우는 습관을 들이면 최고!

✔ 틀리거나 헷갈린 한자를 확인하는 습관을 들이면 한자 실력을 키울 수 있어요!

6일 차 8급 한자 복습하기 001~050 정답

30~31쪽

6일 차 8급 한자 복습하기 001~050

선 잇기 한자를 보고 해당하는 한자 풀이말을 찾아 선으로 이으세요.

1 金
2 韓
3 學
4 南
5 外
6 青

- 나뭇가지가 잘 자라고 새잎 돋아나는 **남녘** 남
- 저녁 달이 담장 넘어 비추는 **바깥** 외
- 산 아래 땅 속 깊이 쇳덩이를 캐는 **쇠** 금
- 나무 사이로 해가 떠오르는 이른 아침 성 둘레를 도는 **한국** 한
- 푸른 잎이 달린 줄기가 우물에 빠진 **푸를** 청
- 두 손에 막대 들고 책상에서 아이가 셈을 배우는 **배울** 학

한자 찾기 훈음을 보고 해당하는 한자를 찾아 ◯하세요.

1 북녘 북: 西 南 (北)
2 아홉 구: (九) 七 十
3 다섯 오: (五) 六 七
4 가르칠 교: 校 (教) 室
5 해 년: (年) 女 王
6 군사 군: 國 (軍) 人
7 흰 백: 中 青 (白)
8 날 일: (日) 月 四
9 마디 촌: 小 (寸) 門
10 형 형: (兄) 弟 父

大韓民國軍人萬年女王

훈음 쓰기 한자의 훈음을 쓰세요.

1 母 (어미 모)
2 先 (먼저 선)
3 月 (달 월)
4 八 (여덟 팔)
5 室 (집 실)
6 六 (여섯 륙)
7 東 (동녘 동)
8 校 (학교 교)
9 長 (긴 장)
10 西 (서녘 서)

한자 읽기 문장을 읽고, 밑줄 친 한자 어휘는 한글로 쓰세요.

1 파브르는 곤충의 生活을 꼼꼼히 기록하였습니다. 생 활
2 대한독립 萬歲 소리가 울려 퍼졌습니다. 만 세
3 놀이공원에서 회전木馬를 탔습니다. 목 마
4 한라산의 백록담은 火山 분출로 만들어졌습니다. 화 산
5 스승의 가르침을 따르는 것이 弟子의 당연한 도리입니다. 제 자
6 모든 國民은 교육을 받을 권리가 있습니다. 국 민

12일 차 7급 한자 복습하기 051~100 정답

54~55쪽

12일 차 7급 한자 복습하기 051~100

선 잇기 한자를 보고 해당하는 한자 풀이말을 찾아 선으로 이으세요.

1 入
2 便
3 植
4 孝
5 歌
6 前

- 늙은 아비를 아들이 업고 모시는 **효도** 효
- "옳다! 옳다!" 소리치며 턱을 벌리고 노래하는 **노래** 가
- 사람이 고장난 물건을 고쳐 **편할** 편
- 머리털 날리며 고깃덩이와 칼을 들고 앞으로 나아가는 **앞** 전
- 나무를 곧게 세워 심는 **심을** 식
- 다리 내밀고 고개 숙여 들어가는 **들** 입

한자 찾기 훈음을 보고 해당하는 한자를 찾아 ◯하세요.

1 바다 해: 漢 每 (海)
2 오른 우: 左 (右) 足
3 말씀 어: 話 (語) 記
4 빛 색: 邑 (色) 花
5 곧을 직: (直) 植 道
6 여름 하: 後 (夏) 冬
7 글자 자: 老 子 (字)
8 설 립: (立) 天 夫
9 기를 육: 有 自 (育)
10 목숨 명: 問 (命) 洞

左右手事正足登後夏冬

훈음 쓰기 한자의 훈음을 쓰세요.

1 話 (말씀 화)
2 面 (낯 면)
3 內 (안 내)
4 事 (일 사)
5 安 (편안 안)
6 後 (뒤 후)
7 文 (글월 문)
8 食 (먹을 식)
9 記 (기록할 기)
10 老 (늙을 로)

한자 읽기 문장을 읽고, 밑줄 친 한자 어휘는 한글로 쓰세요.

1 잠이 不足해 자꾸 하품이 납니다. 부 족
2 명절에 祖上의 산소를 찾아가 성묘합니다. 조 상
3 폭설로 道路의 차들이 서행하고 있습니다. 도 로
4 시장은 상인과 행인들로 活氣가 넘칩니다. 활 기
5 마당에는 여러 가지 花草가 피어 있습니다. 화 초
6 주말에 가족과 登山했습니다. 등 산

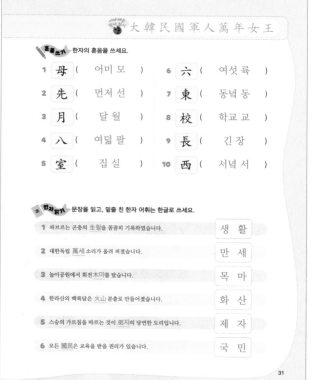

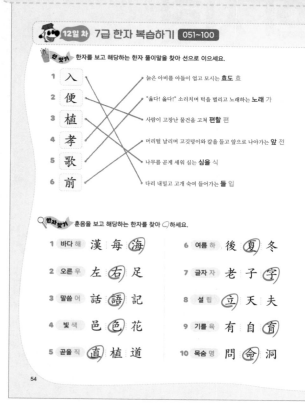

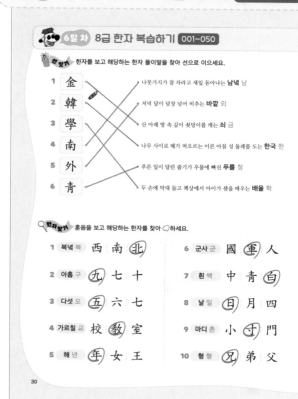

18일 차 7급 한자 복습하기 101~150 정답

76~77쪽

18일 차 7급 한자 복습하기 101~150

선 잇기 한자를 보고 해당하는 한자 풀이말을 찾아 선으로 이으세요.

1. 旗 — 깃발 들고 고개 숙여 그곳을 가리키는 **기** 기
2. 電 — 비 올 때 하늘이 갈라지며 번쩍 내리치는 **번개** 전
3. 少 — 자른 콩을 다시 잘라 남은 것이 적은 **적을** 소
4. 場 — 흙 있고 해 아래 깃발이 나부끼는 **마당** 장
5. 氣 — 숨결은 쌀을 먹어야 나오는 기운이니 **기운** 기
6. 車 — 바퀴, 짐칸, 바퀴에 굴대 끼운 **수레** 차

한자 찾기 훈음을 보고 해당하는 한자를 찾아 ◯하세요.

1. 봄 춘 — 時 間 **春**
2. 저자 시 — 里 主 **市**
3. 마을 촌 — 休 **村** 林
4. 땅 지 — **地** 世 百
5. 빌 공 — **空** 江 所
6. 셈 산 — **算** 答 數
7. 농사 농 — **農** 物 家
8. 이름 명 — 夕 川 **名**
9. 사내 남 — **男** 力 方
10. 가을 추 — 來 **秋** 氣

76

主 住 市 里 重 動 全 答 算 數

훈음 쓰기 한자의 훈음을 쓰세요.

1. 休 (쉴 휴)
2. 工 (장인 공)
3. 午 (낮 오)
4. 重 (무거울 중)
5. 物 (물건 물)
6. 數 (셈 수)
7. 夕 (저녁 석)
8. 所 (바 소)
9. 林 (수풀 림)
10. 然 (그럴 연)

한자 읽기 문장을 읽고, 밑줄 친 한자 어휘는 한글로 쓰세요.

1. 소방관들이 급히 出動해 불을 껐습니다. — 출 동
2. 오늘 체육 수업 時간에 줄넘기를 했습니다. — 시 간
3. 그녀는 백紙 위에 뭔가를 적었습니다. — 백 지
4. 來일 지각하지 않도록 일찍 자야합니다. — 내 일
5. 사람의 목숨은 千금을 주고도 살 수 없습니다. — 천 금
6. 住민센터 방문을 환영합니다. — 주 민

77

24일 차 6급 한자 복습하기 151~200 정답

100~101쪽

24일 차 6급 한자 복습하기 151~200

선 잇기 한자를 보고 해당하는 한자 풀이말을 찾아 선으로 이으세요.

1. 頭 — 뚜껑 있는 제사 그릇과 사람 머리 모양이 비슷한 **머리** 두
2. 病 — 병들어 누운 채 불꽃처럼 열이 나는 **병** 병
3. 飮 — 밥 먹고 나서 하품하듯 입 벌려 물을 **마실** 음
4. 發 — 두 발 딛고 서서 활을 몸 굽혀 손에 잡고 **쏠** 발
5. 題 — 올바르게 글머리에 붙이는 **제목** 제
6. 球 — 구슬처럼 둥글게 가죽을 뭉쳐 꿰맨 **공** 구

한자 찾기 훈음을 보고 해당하는 한자를 찾아 ◯하세요.

1. 그림 화 — 書 晝 **畫**
2. 의원 의 — **醫** 者 號
3. 재주 술 — 行 **術** 路
4. 가르칠 훈 — **訓** 讀 計
5. 지을 작 — **作** 昨 球
6. 법식 례 — 病 始 **例**
7. 등급 급 — 急 **級** 服
8. 뜻 의 — **意** 音 章
9. 공평할 공 — 失 **公** 共
10. 뜰 정 — 愛 定 **庭**

100

病 醫 死 例 始 飮 身 者 使 號

훈음 쓰기 한자의 훈음을 쓰세요.

1. 現 (나타날 현)
2. 短 (짧을 단)
3. 信 (믿을 신)
4. 始 (비로소 시)
5. 圖 (그림 도)
6. 使 (하여금 사)
7. 交 (사귈 교)
8. 根 (뿌리 근)
9. 各 (각각 각)
10. 苦 (쓸 고)

한자 읽기 문장을 읽고, 밑줄 친 한자 어휘는 한글로 쓰세요.

1. 身체가 건강해야 정신도 건강합니다. — 신 체
2. 急행 열차는 10분 후에 도착합니다. — 급 행
3. 다른 사람의 아픔에 共감할 때 배려심이 생깁니다. — 공 감
4. 세종대왕은 백성의 생활을 안定시키기 위해 애썼습니다. — 안 정
5. 가을은 讀서하기에 좋은 계절이에요. — 독 서
6. 신문과 방송에서 기者의 역할은 아주 중요해요. — 기 자

101

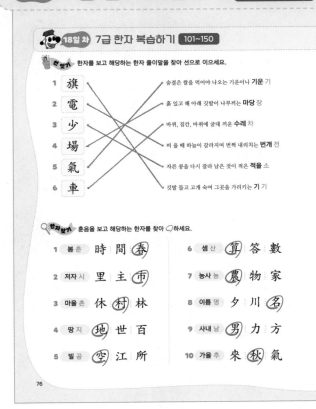

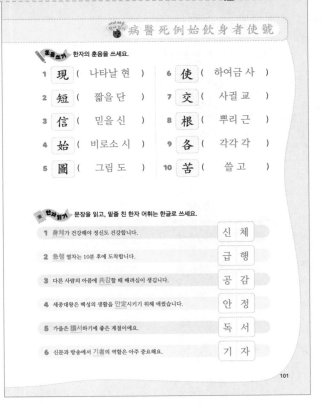

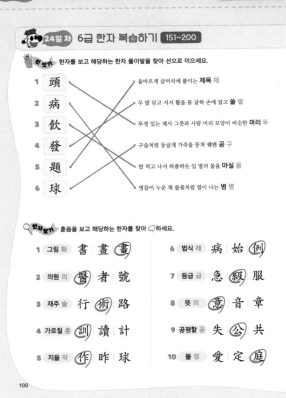

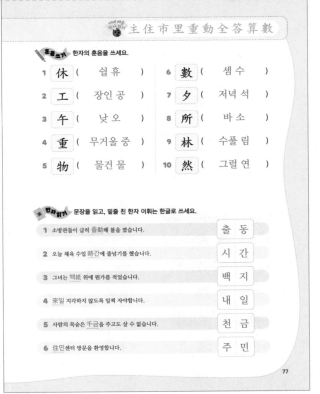

30일 차 6급 한자 복습하기 201~250 정답

122~123쪽

30일 차 6급 한자 복습하기 201~250

한자 잇기 한자를 보고 해당하는 한자 풀이말을 찾아 선으로 이으세요.

한자	풀이말
1 班	벼를 거두어 알곡을 말에 담아 가르는 **과목** 과
2 樹	실을 글씨 새기듯 물들여 **푸를** 록
3 窓	나무가 큰북을 손으로 세운 듯 서 있는 **나무** 수
4 科	여러 사람 허리에 매단 금붙이가 번쩍번쩍 빛나니 **누를** 황
5 綠	구슬 목걸이를 칼로 끊어 구슬을 **나눌** 반
6 黃	집의 벽에 창문이 뚫려 있어 마음이 확 트이는 **창** 창

한자 찾기 훈음을 보고 해당하는 한자를 찾아 ◯하세요.

1 떼 부 陽 郡 (部)
2 큰 바다 양 (洋) 美 集
3 다스릴 리 童 (理) 野
4 친할 친 朴 果 (親)
5 아침 조 明 (朝) 夜
6 약할 약 (弱) 習 角
7 이할 리 在 和 (利)
8 가까울 근 速 (近) 新
9 눈 설 黃 (雪) 半
10 따뜻할 온 永 注 (溫)

洋 美 集 多 習 弱 角 番 風 窓

훈음 쓰기 한자의 훈음을 쓰세요.

1 清 (맑을 청)
2 夜 (밤 야)
3 油 (기름 유)
4 番 (차례 번)
5 才 (재주 재)
6 集 (모을 집)
7 界 (지경 계)
8 光 (빛 광)
9 注 (부을 주)
10 米 (쌀 미)

한자 읽기 문장을 읽고, 밑줄 친 한자 어휘는 한글로 쓰세요.

1 학習 도구를 모둠별로 나누어 줍니다. 학 습
2 석陽은 어느덧 뒷산으로 넘어가고 있었습니다. 석 양
3 외국어 학습은 反복해서 읽고 따라하는 방법이 효과적이에요. 반 복
4 물이 흘러넘칠 때 흙더미가 쌓여 평野가 됩니다. 평 야
5 여기까지 시速 100km로 달려왔습니다. 시 속
6 보는 角도에 따라 모습이 달리 보이게 마련이에요. 각 도

36일 차 6급 한자 복습하기 251~300 정답

144~145쪽

36일 차 6급 한자 복습하기 251~300

한자 잇기 한자를 보고 해당하는 한자 풀이말을 찾아 선으로 이으세요.

한자	풀이말
1 強	뼈마디에 살이 붙어 음식을 쌓은 듯 불룩한 **몸** 체
2 會	북틀 받치는 기둥을 손으로 잡고 마주 **대할** 대
3 樂	세 줄기 연기가 창문 위로 피어오르는 흙집, **집** 당
4 體	활처럼 휜 집게와 큰턱을 가진 사슴벌레처럼 **강할** 강
5 堂	흰 방울을 실로 나무에 매달아 흔들며 **즐길** 락
6 對	뚜껑 덮은 떡시루를 솥에 얹으니 사람들이 **모일** 회

한자 찾기 훈음을 보고 해당하는 한자를 찾아 ◯하세요.

1 예도 례 社 神 (禮)
2 무리 등 待 特 (等)
3 싸움 전 (戰) 勝 別
4 멀 원 表 (遠) 園
5 날랠 용 通 (勇) 強
6 살필 성 (省) 消 聞
7 법도 도 堂 席 (度)
8 줄 선 衣 會 (線)
9 업 업 第 (業) 對
10 이룰 성 代 式 (成)

聞 開 待 特 等 運 省 消 樂 藥

훈음 쓰기 한자의 훈음을 쓰세요.

1 勝 (이길 승)
2 族 (겨레 족)
3 表 (겉 표)
4 待 (기다릴 대)
5 京 (서울 경)
6 運 (옮길 운)
7 孫 (손자 손)
8 第 (차례 제)
9 形 (모양 형)
10 席 (자리 석)

한자 읽기 문장을 읽고, 밑줄 친 한자 어휘는 한글로 쓰세요.

1 신藥이 개발되면 불치병도 치료할 수 있게 될 거예요. 신 약
2 그리스 로마 神화에는 힘센 영웅과 무시무시한 괴물이 나와요. 신 화
3 건물에 放화를 저지른 범인이 붙잡혔습니다. 방 화
4 시를 암송하고 이야기를 실감나게 읽으며 感동을 나누어요. 감 동
5 화園에 들어서자 진한 꽃향기가 코끝에 닿았습니다. 화 원
6 여러 나라를 여행하면서 견聞을 넓혀 보세요. 견 문

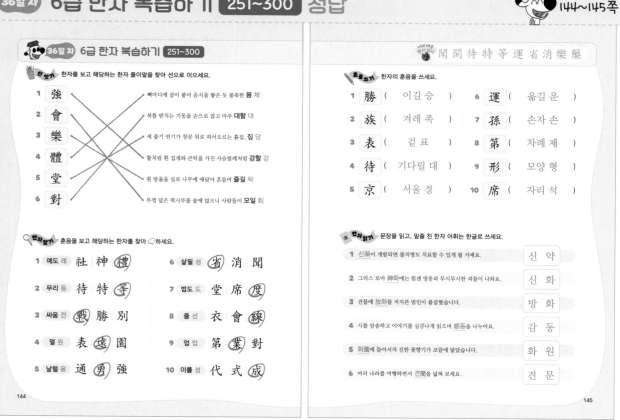

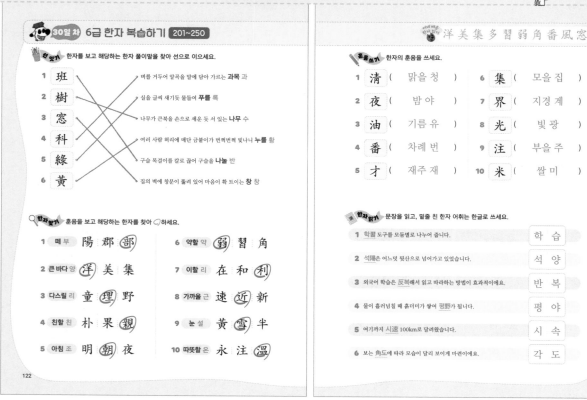

부록 8급 모의 한자능력검정시험 정답

148~149쪽

수험번호 □□□-□□-□□□□□ 성명 □□□□□

생년월일 □□□□□□ ※ 주민등록번호 앞 6자리 숫자를 기입하십시오.

※ 성명은 한글로 작성
※ 필기구는 검정색 볼펜만 가능

※ 답안지는 컴퓨터로 처리되므로 구기거나 더럽히지 마시고, 정답 칸 안에만 쓰십시오.
글씨가 채점란으로 들어오면 오답 처리 됩니다.

8급 모의 한자능력검정시험 답안지(1) (시험 시간: 50분)

답안란		채점란		답안란		채점란	
번호	정답	1검	2검	번호	정답	1검	2검
1	형			13	④		
2	제			14	⑦		
3	월			15	⑤		
4	금			16	⑩		
5	학			17	③		
6	교			18	②		
7	한			19	①		
8	민			20	⑥		
9	국			21	②		
10	만			22	⑧		
11	⑧			23	④		
12	⑨			24	⑦		

감독위원	채점위원(1)		채점위원(2)		채점위원(3)	
(서명)	(득점)	(서명)	(득점)	(서명)	(득점)	(서명)

※ 뒷면으로 이어짐

※ 답안지는 컴퓨터로 처리되므로 구기거나 더럽히지 마시고, 정답 칸 안에만 쓰십시오. 글씨가 채점란으로 들어오면 오답처리가 됩니다.

8급 모의 한자능력검정시험 답안지(2)

답안란		채점란		답안란		채점란	
번호	정답	1검	2검	번호	정답	1검	2검
25	⑩			38	배울 학		
26	③			39	일만 만		
27	①			40	군사 군		
28	⑨			41	②		
29	⑤			42	③		
30	⑥			43	④		
31	동녘 동			44	①		
32	백성 민			45	④		
33	흰 백			46	②		
34	여덟 팔			47	①		
35	바깥 외			48	③		
36	일곱 칠			49	⑬		
37	물 수			50	⑰		

부록 7급 모의 한자능력검정시험 정답

150~152쪽

수험번호 □□□-□□-□□□□□ 성명 □□□□□

생년월일 □□□□□□ ※ 주민등록번호 앞 6자리 숫자를 기입하십시오.

※ 성명은 한글로 작성
※ 필기구는 검정색 볼펜만 가능

※ 답안지는 컴퓨터로 처리되므로 구기거나 더럽히지 마시고, 정답 칸 안에만 쓰십시오.
글씨가 채점란으로 들어오면 오답 처리 됩니다.

7급 모의 한자능력검정시험 답안지(1) (시험시간:50분)

답안란		채점란		답안란		채점란		답안란		채점란	
번호	정답	1검	2검	번호	정답	1검	2검	번호	정답	1검	2검
1	강남			12	주소			23	국사		
2	하산			13	전면			24	노소		
3	역부족			14	백방			25	촌수		
4	수기			15	주동			26	민심		
5	오전			16	산수			27	수화		
6	백색			17	조상			28	삼중		
7	선조			18	가장			29	매사		
8	청소년			19	불평			30	연로		
9	효도			20	방면			31	입실		
10	남해			21	답지			32	소유		
11	전력			22	문안			33	④		

감독위원	채점위원(1)		채점위원(2)		채점위원(3)	
(서명)	(득점)	(서명)	(득점)	(서명)	(득점)	(서명)

※ 뒷면으로 이어짐

※ 본 답안지는 컴퓨터로 처리되므로 구기거나 더럽혀지지 않도록 조심하시고 글씨를 칸 안에 또박또박 쓰십시오.

7급 모의 한자능력검정시험 답안지(2)

답안란		채점란		답안란		채점란		답안란		채점란	
번호	정답	1검	2검	번호	정답	1검	2검	번호		1검	2검
34	②			47	대답 답			60	⑤		
35	바다 해			48	동녘 동			61	⑦		
36	집 실			49	마당 장			62	①		
37	한수 한			50	집 가			63	⑨		
38	말씀 화			51	성 성			64	⑥		
39	그럴 연			52	군사 군			65	③		
40	북녘 북			53	길 도			66	④		
41	기 기			54	여름 하			67	④		
42	저자 시			55	③			68	②		
43	기록할 기			56	⑩			69	⑥		
44	가을 추			57	⑧			70	⑦		
45	살 활			58	④						
46	가르칠 교			59	②						

부록 6급 모의 한자능력검정시험 정답

153~155쪽

수험번호 □□□-□□-□□□□□　　성명 □□□□□

생년월일 □□□□□□ ※ 주민등록번호 앞 6자리 숫자를 기입하십시오.

※ 성명은 한글로 작성
※ 필기구는 검정색 볼펜만 가능

※ 답안지는 컴퓨터로 처리되므로 구기거나 더럽히지 마시고, 정답 칸 안에만 쓰십시오.
글씨가 채점란으로 들어오면 오답 처리됩니다.

6급 모의 한자능력검정시험 답안지(1) (시험 시간: 50분)

답안란		채점란		답안란		채점란		답안란		채점란	
번호	정답	1검	2검	번호	정답	1검	2검	번호	정답	1검	2검
1	승리			15	방출			29	형성		
2	특사			16	근간			30	각자		
3	도면			17	선례			31	근본		
4	영원			18	주야			32	소문		
5	고대			19	다재			33	온도		
6	화합			20	직감			34	동산 원		
7	두각			21	동화			35	사랑 애		
8	작용			22	양수			36	열 개		
9	지상			23	주의			37	겨레 족		
10	사례			24	지구			38	푸를 록		
11	반성			25	친교			39	따뜻할 온		
12	풍습			26	왕조			40	집 당		
13	방향			27	작별			41	마실 음		
14	수목			28	황태			42	글 서		

감독위원	채점위원(1)		채점위원(2)		채점위원(3)	
(서명)	(득점)	(서명)	(득점)	(서명)	(득점)	(서명)

※ 뒷면으로 이어짐

※ 본 답안지는 컴퓨터로 처리되므로 구기거나 더럽혀지지 않도록 조심하시고 글씨를 칸 안에 또박또박 쓰십시오.

6급 모의 한자능력검정시험 답안지(2)

답안란		채점란		답안란		채점란		답안란		채점란	
번호	정답	1검	2검	번호	정답	1검	2검	번호		1검	2검
43	기름 유			59	海水			75	空間		
44	나눌 별			60	內面			76	④		
45	읽을 독			61	先祖			77	③		
46	빛 색			62	正直			78	②		
47	실과 과			63	農事			79	①		
48	들 야			64	白旗			80	④		
49	오를 등			65	立地			81	⑤		
50	급할 급			66	自然			82	③		
51	하여금 사			67	兄弟			83	⑥		
52	줄 선			68	問安			84	③		
53	놈 자			69	秋夕			85	①		
54	예도 례			70	便安			86	⑤		
55	빠를 속			71	花草			87	②		
56	食水			72	重力			88	④		
57	不安			73	世上			89	⑧		
58	校長			74	場所			90	⑨		

초등 한자
300자 완성!

수험번호 □□□-□□-□□□□□ 성명 □□□□□

생년월일 □□□□□□ ※ 주민등록번호 앞 6자리 숫자를 기입하십시오.

※ 성명은 한글로 작성
※ 필기구는 검정색 볼펜만 가능

※ 답안지는 컴퓨터로 처리되므로 구기거나 더럽히지 마시고, 정답 칸 안에만 쓰십시오.
글씨가 채점란으로 들어오면 오답 처리 됩니다.

8급 모의 한자능력검정시험 답안지(1) (시험 시간: 50분)

답안란		채점란		답안란		채점란	
번호	정답	1검	2검	번호	정답	1검	2검
1				13			
2				14			
3				15			
4				16			
5				17			
6				18			
7				19			
8				20			
9				21			
10				22			
11				23			
12				24			

감독위원	채점위원(1)		채점위원(2)		채점위원(3)	
(서명)	(득점)	(서명)	(득점)	(서명)	(득점)	(서명)

절취선

■ ※ 뒷면으로 이어짐 ■

※ 답안지는 컴퓨터로 처리되므로 구기거나 더럽히지 마시고, 정답 칸 안에만 쓰십시오. 글씨가 채점란으로 들어오면 오답처리가 됩니다.

8급 모의 한자능력검정시험 답안지(2)

답안란		채점란		답안란		채점란	
번호	정답	1검	2검	번호	정답	1검	2검
25				38			
26				39			
27				40			
28				41			
29				42			
30				43			
31				44			
32				45			
33				46			
34				47			
35				48			
36				49			
37				50			

절취선

수험번호 ☐☐☐-☐☐-☐☐☐☐☐ 성명 ☐☐☐☐☐

생년월일 ☐☐☐☐☐☐ ※ 주민등록번호 앞 6자리 숫자를 기입하십시오.

※ 성명은 한글로 작성
※ 필기구는 검정색 볼펜만 가능

※ 답안지는 컴퓨터로 처리되므로 구기거나 더럽히지 마시고, 정답 칸 안에만 쓰십시오.
글씨가 채점란으로 들어오면 오답 처리 됩니다.

7급 모의 한자능력검정시험 답안지(1) (시험시간:50분)

답안란		채점란		답안란		채점란		답안란		채점란	
번호	정답	1검	2검	번호	정답	1검	2검	번호	정답	1검	2검
1				12				23			
2				13				24			
3				14				25			
4				15				26			
5				16				27			
6				17				28			
7				18				29			
8				19				30			
9				20				31			
10				21				32			
11				22				33			

감독위원	채점위원(1)		채점위원(2)		채점위원(3)	
(서명)	(득점)	(서명)	(득점)	(서명)	(득점)	(서명)

절취선

※ 뒷면으로 이어짐

※ 본 답안지는 컴퓨터로 처리되므로 구기거나 더럽혀지지 않도록 조심하시고 글씨를 칸 안에 또박또박 쓰십시오.

7급 모의 한자능력검정시험 답안지(2)

답안란		채점란		답안란		채점란		답안란		채점란	
번호	정답	1검	2검	번호	정답	1검	2검	번호		1검	2검
34				47				60			
35				48				61			
36				49				62			
37				50				63			
38				51				64			
39				52				65			
40				53				66			
41				54				67			
42				55				68			
43				56				69			
44				57				70			
45				58							
46				59							

절취선

수험번호 □□□-□□-□□□□□ 성명 □□□□□

생년월일 □□□□□□ ※ 주민등록번호 앞 6자리 숫자를 기입하십시오.

※ 성명은 한글로 작성
※ 필기구는 검정색 볼펜만 가능

※ 답안지는 컴퓨터로 처리되므로 구기거나 더럽히지 마시고, 정답 칸 안에만 쓰십시오.
글씨가 채점란으로 들어오면 오답 처리됩니다.

6급 모의 한자능력검정시험 답안지(1) (시험 시간: 50분)

답안란		채점란		답안란		채점란		답안란		채점란	
번호	정답	1검	2검	번호	정답	1검	2검	번호	정답	1검	2검
1				15				29			
2				16				30			
3				17				31			
4				18				32			
5				19				33			
6				20				34			
7				21				35			
8				22				36			
9				23				37			
10				24				38			
11				25				39			
12				26				40			
13				27				41			
14				28				42			

감독위원	채점위원(1)		채점위원(2)		채점위원(3)	
(서명)	(득점)	(서명)	(득점)	(서명)	(득점)	(서명)

절취선

※ 뒷면으로 이어짐

※ 본 답안지는 컴퓨터로 처리되므로 구기거나 더럽혀지지 않도록 조심하시고 글씨를 칸 안에 또박또박 쓰십시오.

6급 모의 한자능력검정시험 답안지(2)

답안란		채점란		답안란		채점란		답안란		채점란	
번호	정답	1검	2검	번호	정답	1검	2검	번호		1검	2검
43				59				75			
44				60				76			
45				61				77			
46				62				78			
47				63				79			
48				64				80			
49				65				81			
50				66				82			
51				67				83			
52				68				84			
53				69				85			
54				70				86			
55				71				87			
56				72				88			
57				73				89			
58				74				90			

한 번 봐도 두 번 외운 효과!

바빠 급수 한자 (전 7권)

바빠

8급

50자

7급

1~2권 100자

6급

1~3권 150자

외우는 방법까지 고려한 두뇌 자극 한자 책

바빠 급수 한자 시리즈

각 권 9,000원 | 7급 세트 17,000원 | 6급 세트 26,000원

- **몰입 효과!** 물방울에 가려진 한자를 찾아 쓰는 재미!
- 한자의 획에 담긴 풀이말과 그림으로 **암기 효과 2배!**
- **기출 문제를 철저 분석**한 8·7·6급 시험 한자 책!

벽보

초등 필수 300자가 다 있다

보일락 말락~

바빠 급수한자판 + 6·7·8급 모의시험

9,000원(대형 벽보 3종+ 모의시험 책)

- 한자판을 벽에 붙이고 세 발짝 떨어져서 **게임처럼** 외워요!
- **6·7·8급 모의시험**으로 **실전 시험 감각**을 키워요!

바빠 시리즈 초등 학년별 추천 도서

학년	학기별 연산책 바빠 교과서 연산 학기 중, 선행용으로 추천!	나 혼자 푼다 바빠 수학 문장제 학교 시험 서술형 완벽 대비!
1학년	· 바빠 교과서 연산 1-1 · 바빠 교과서 연산 1-2	· 나 혼자 푼다 바빠 수학 문장제 1-1 · 나 혼자 푼다 바빠 수학 문장제 1-2
2학년	· 바빠 교과서 연산 2-1 · 바빠 교과서 연산 2-2	· 나 혼자 푼다 바빠 수학 문장제 2-1 · 나 혼자 푼다 바빠 수학 문장제 2-2
3학년	· 바빠 교과서 연산 3-1 · 바빠 교과서 연산 3-2	· 나 혼자 푼다 바빠 수학 문장제 3-1 · 나 혼자 푼다 바빠 수학 문장제 3-2
4학년	· 바빠 교과서 연산 4-1 · 바빠 교과서 연산 4-2	· 나 혼자 푼다 바빠 수학 문장제 4-1 · 나 혼자 푼다 바빠 수학 문장제 4-2
5학년	· 바빠 교과서 연산 5-1 · 바빠 교과서 연산 5-2	· 나 혼자 푼다 바빠 수학 문장제 5-1 · 나 혼자 푼다 바빠 수학 문장제 5-2
6학년	· 바빠 교과서 연산 6-1 · 바빠 교과서 연산 6-2	· 나 혼자 푼다 바빠 수학 문장제 6-1 · 나 혼자 푼다 바빠 수학 문장제 6-2

바쁜 친구들이 즐거워지는 빠른 학습법 — 바빠 초등 한자 시리즈

바빠

급수 시험과 어휘력 잡는

초등 한자 총정리

한 자 쓰 기 노 트

하루 10자씩
한 획 한 획
따라 써 보세요!

이지스에듀

바빠 초등 한자 총정리와 함께하는
한자 쓰기 노트 활용법

본 책의 학습 일차에 맞춰 쓰기 노트도 같은 일차의 한자를 써 보세요.

본 책 1일 차

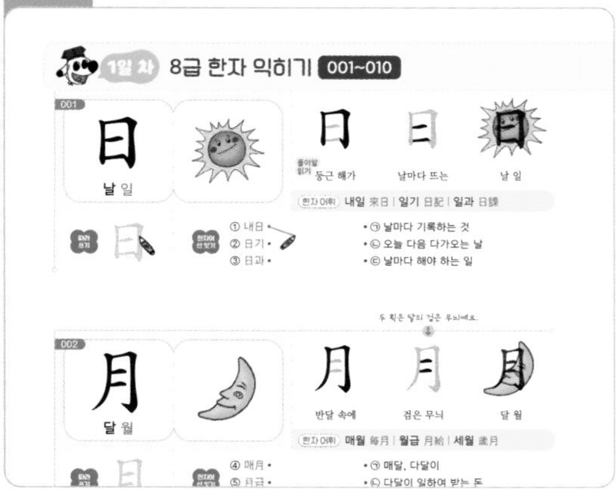

쓰기 노트 1일 차

1. 제시된 필순을 참고해 회색 글자를 따라 써 보세요.

2. 나머지 빈칸도 필순에 맞게 써 보세요. 필순을 보지 않고 쓸 수 있다면 더욱 좋아요.

필순을 알아두면, 한자 쓰기가 쉬워져요!

한자를 처음 따라 쓰려고 하면, 어디서부터 시작할지 막막한 경우가 많아요. 본격적으로 한자 쓰기를 연습하기 전에 한자를 쓰는 기본 규칙을 알아두면 좋아요.
이 한자 쓰기 노트에는 기본 규칙 7가지를 정리했어요.

1 위에서 아래로 씁니다.

예 三 | 一 二 三

2 가로획과 세로획이 만날 때는 가로획을 먼저 씁니다.

예 十 | 一 十

3 亅(갈고리)가 글자의 한가운데에 오면 제일 먼저 씁니다.

예 水 

4 글자 가운데를 뚫고 지나가는 획은 마지막에 씁니다.

예 中 | 丨 冂 口 中

5 丿(삐침) 먼저 쓰고 ㇏(파임)을 나중에 씁니다.

예 父 

6 받침은 나중에 씁니다.

예 道 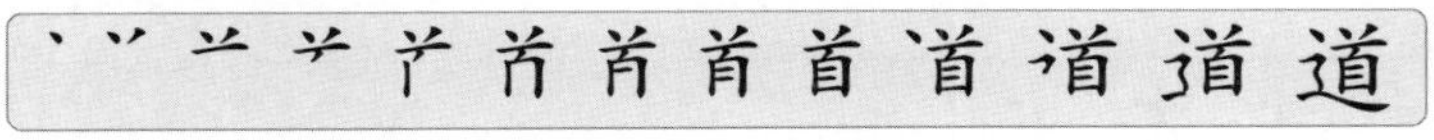

7 에워싸고 있는 바깥 부분은 먼저 씁니다.

예 圖 

8급 한자 쓰면서 익히기

한자	총 획수	필순	따라 쓰기	훈음
日	총 4획	丨 冂 日 日	日	날 일
月	총 4획	丿 冂 月 月	月	달 월
火	총 4획	丶 丷 火 火	火	불 화
水	총 4획	亅 刁 水 水	水	물 수
木	총 4획	一 十 才 木	木	나무 목

金
쇠 금
총 8획 丿 人 亼 今 今 수 金 金

金
쇠 금

土
흙 토
총 3획 一 十 土

土
흙 토

外
바깥 외
총 5획 丿 ク 夕 夕 外

外
바깥 외

寸
마디 촌
총 3획 一 十 寸

寸
마디 촌

長
긴 장
총 8획 丨 厂 F E 트 長 長 長

長
긴 장

一
한 일

총 1획   一

한 일

二
두 이

총 2획   一 二

두 이

三
석 삼

총 3획   一 二 三

석 삼

四
넉 사

총 5획   丨 冂 冖 四 四

넉 사

五
다섯 오

총 4획   一 丁 五 五

다섯 오

六
(총 4획) ` 亠 六 六
六
여섯 륙
여섯 륙

七
(총 2획) 一 七
七
일곱 칠
일곱 칠

八
(총 2획) ノ 八
八
여덟 팔
여덟 팔

九
(총 2획) ノ 九
九
아홉 구
아홉 구

十
(총 2획) 一 十
十
열 십
열 십

| 東 | 총 8획 | 一 厂 厂 market 市 東 東 東 | | | | |

東
동녘 동

| 총 8획 | 一 厂 market 戸 百 東 東 東 |

東					
동녘 동					

西
서녘 서

| 총 6획 | 一 market 戸 冊 西 西 |

西					
서녘 서					

南
남녘 남

| 총 9획 | 一 十 market 内 内 市 南 南 南 |

南					
남녘 남					

北
북녘 북

| 총 5획 | ㅣ market market market 北 |

北					
북녘 북					

小
작을 소

| 총 3획 | market 小 小 |

小					
작을 소					

門	총 8획 丨 ㄏ 㔾 ⺆ 𨳇 門 門 門
문 문	門 문 문

山	총 3획 丨 山 山
메 산	山 메 산

中	총 4획 丨 ㄇ 口 中
가운데 중	中 가운데 중

青	총 8획 一 二 丰 龶 青 青 青 青
푸를 청	青 푸를 청

白	총 5획 ′ 丨 白 白 白
흰 백	白 흰 백

父	총 4획 ´ ㄱ ㄱ 父 父					
아비 부	아비 부					

母	총 5획 ㄴ ㄐ ㄐ 母 母					
어미 모	어미 모					

兄	총 5획 ㅣ ㅁ ㅁ ㅁ 兄					
형 형	형 형					

弟	총 7획 ´ ` ` 丷 弟 弟 弟					
아우 제	아우 제					

先	총 6획 ´ ㅗ ㅛ 生 先 先					
먼저 선	먼저 선					

生

날 생

총 5획 丿 𠂉 𠂉 牛 生

生 날 생

學

배울 학

총 16획

學 배울 학

校

학교 교

총 10획 一 十 才 木 木 杧 杧 杧 校 校

校 학교 교

敎

가르칠 교

총 11획

敎 가르칠 교

室

집 실

총 9획 丶 丶 宀 宀 宀 宀 宀 室 室

室 집 실

大	총 3획 一 ナ 大
큰 대	大 큰 대

韓	총 17획 一 十 ᅶ 古 古 古 直 卓 卓 卓 卓 卓 韓 韓 韓 韓 韓
한국 한	韓 한국 한

民	총 5획 ㄱ コ 尸 F 民
백성 민	民 백성 민

國	총 11획 丨 冂 冂 冂 冋 冋 囗 國 國 國 國
나라 국	國 나라 국

軍	총 9획 丶 冖 冖 冖 肎 肎 旨 宣 軍
군사 군	軍 군사 군

人

사람 **인**

총 2획 丿 人

人

사람 인

萬

일만 **만**

총 13획 一 十 卄 廾 艹 节 苩 苩 苜 萬 萬 萬 萬

萬

일만 만

年

해 **년**

총 6획 丿 𠂉 𠂉 𠂉 𠂉 年

年

해 년

女

여자 **녀**

총 3획 𡿨 𠂇 女

女

여자 녀

王

임금 **왕**

총 4획 一 二 干 王

王

임금 왕

入	총 2획 ノ 入					
	入					
들 입	들 입					

內	총 4획 丨 冂 冂 內					
	內					
안 내	안 내					

天	총 4획 一 二 チ 天					
	天					
하늘 천	하늘 천					

夫	총 4획 一 二 夫 夫					
	夫					
지아비 부	지아비 부					

立	총 5획 丶 亠 亣 立 立					
	立					
설 립	설 립					

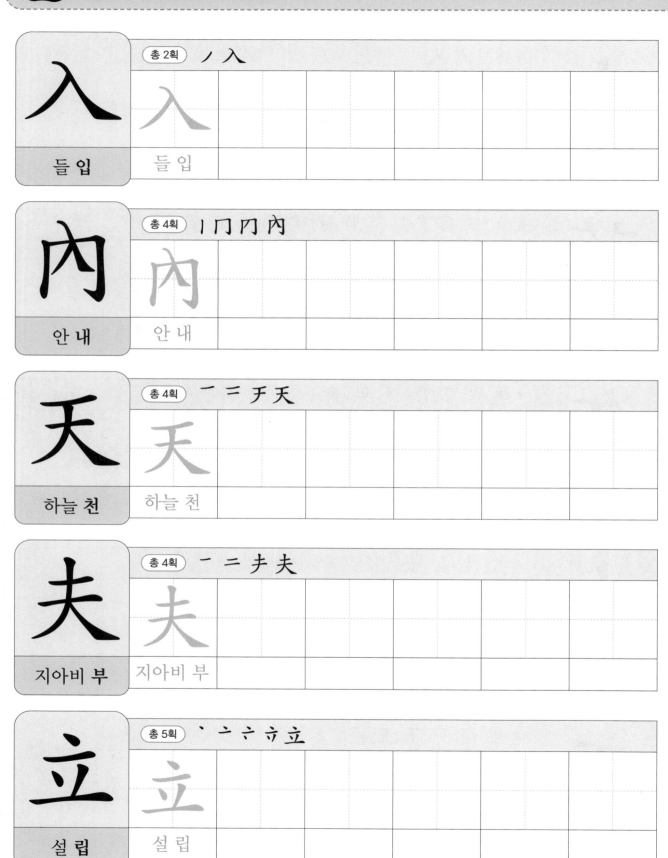

文	총 4획 `、 ㄴ ナ 文`
글월 문	文 글월 문

花	총 8획 `一 十 サ サ ヤ ヤ 花 花`
꽃 화	花 꽃 화

便	총 9획 `ノ イ イ 仁 仁 佢 佢 便 便`
편할 편	便 편할 편

邑	총 7획 `丨 ㅁ ㅁ ㅁ 므 므 邑`
고을 읍	邑 고을 읍

色	총 6획 `ノ ク ク 名 色 色`
빛 색	色 빛 색

子	총 3획 乛 了 子
아들 자	子 아들 자

字	총 6획 丶 丷 宀 宀 宁 字
글자 자	字 글자 자

老	총 6획 一 十 土 耂 耂 老
늙을 로	老 늙을 로

孝	총 7획 一 十 土 耂 耂 孝 孝
효도 효	孝 효도 효

安	총 6획 丶 丷 宀 它 安 安
편안 안	安 편안 안

姓	총 8획 ㄑ 女 女 女' 女' 女'' 姓 姓
성 성	姓 성 성

每	총 7획 ノ ㅗ 㐅 每 每 每 每
매양 매	每 매양 매

海	총 10획 丶 丶 氵 氵 氵 汇 海 海 海 海
바다 해	海 바다 해

祖	총 10획 一 二 于 示 示 礻 初 和 和 祖
할아비 조	祖 할아비 조

漢	총 14획 丶 丶 氵 氵 汁 汁 浐 浐 淔 淔 漢 漢 漢 漢
한수 한	漢 한수 한

口	총 3획	ㅣ 冂 口					
입구	口						
	입구						

問	총 11획	ㅣ 丨 冂 冃 冃 門 門 門 問 問 問					
물을 문	問						
	물을 문						

命	총 8획	ノ 人 人 今 今 合 合 命					
목숨 명	命						
	목숨 명						

歌	총 14획	一 丆 哥 哥 哥 可 可 哥 哥 哥 哥 歌 歌 歌					
노래 가	歌						
	노래 가						

同	총 6획	ㅣ 冂 冂 冋 同 同					
한가지 동	同						
	한가지 동						

洞	총 9획	丶丶氵汋汋洞洞洞洞					
골동	洞 골동						

活	총 9획	丶丶氵氵汗汗活活活					
살활	活 살활						

話	총 13획	丶一ㅗ三言言言言訐訐話話					
말씀 화	話 말씀 화						

語	총 14획	丶一ㅗ三言言言訂訴語語語語					
말씀 어	語 말씀 어						

記	총 10획	丶一ㅗ三言言言記記記					
기록할 기	記 기록할 기						

| 直 | 총 8획 | 一 十 十 古 古 百 直 |
| 直 곧을 직 | 直 곧을 직 | |

| 植 | 총 12획 | 一 十 才 才 朴 朴 朴 枯 枯 植 植 植 |
| 植 심을 식 | 植 심을 식 | |

| 自 | 총 6획 | ′ 亻 亻 自 自 自 |
| 自 스스로 자 | 自 스스로 자 | |

| 面 | 총 9획 | 一 一 一 丆 丙 丙 而 面 面 |
| 面 낯 면 | 面 낯 면 | |

| 道 | 총 13획 | ` ` ` 丷 丷 首 首 首 首 道 道 道 |
| 道 길 도 | 道 길 도 | |

쓰는 순서를 잘 보고 따라 써 보세요.

前	총 9획	丷 䒑 䒤 前
앞 전	前	앞 전

有	총 6획	ノ ナ 冇 有 有 有
있을 유	有	있을 유

育	총 8획	亠 亡 云 育 育 育
기를 육	育	기를 육

心	총 4획	心 心 心
마음 심	心	마음 심

食	총 9획	ノ 人 亽 今 今 食 食 食
먹을 식	食	먹을 식

左	총 5획	一 ナ 左 左 左
왼 좌	左 왼 좌	

右	총 5획	ノ ナ オ 右 右
오른 우	右 오른 우	

手	총 4획	´ ´ 三 手
손 수	手 손 수	

事	총 8획	一 一 一 一 曰 写 写 事 事
일 사	事 일 사	

正	총 5획	一 丁 下 正 正
바를 정	正 바를 정	

足	총 7획	丶 口 口 尸 尸 足 足
발 족	足 발 족	

登	총 12획	丆 了 癶 癶 癶 癶 癶 癶 登 登 登 登
오를 등	登 오를 등	

後	총 9획	丶 夕 彳 彳 彳 彳 彳 後 後
뒤 후	後 뒤 후	

夏	총 10획	一 一 丆 丆 币 币 百 百 頁 夏 夏
여름 하	夏 여름 하	

冬	총 5획	丿 夂 夂 冬 冬
겨울 동	冬 겨울 동	

13일 차 7급 한자 쓰면서 익히기

夕	총 3획 ノ ク 夕				
	夕				
저녁 석	저녁 석				

名	총 6획 ノ ク 夕 夕 名 名				
	名				
이름 명	이름 명				

上	총 3획 丨 卜 上				
	上				
윗 상	윗 상				

下	총 3획 一 丁 下				
	下				
아래 하	아래 하				

地	총 6획 一 十 土 圵 地 地				
	地				
땅 지	땅 지				

電	총 13획	一 𠂉 𠂊 ... 電
번개 전	電 번개 전	

川	총 3획	丿 川 川
내 천	川 내 천	

世	총 5획	一 十 廿 廿 世
인간 세	世 인간 세	

百	총 6획	一 丆 了 丙 百 百
일백 백	百 일백 백	

千	총 3획	丿 二 千
일천 천	千 일천 천	

時	총 10획 丨 冂 日 日 日一 日十 日土 旪 時 時
때 시	時 때 시

間	총 12획 丨 𠃌 𠃌 門 門 門 門 門 門 問 問 間
사이 간	間 사이 간

草	총 10획 一 十 艹 艹 芢 芐 苩 苩 荁 草
풀 초	草 풀 초

場	총 12획 一 十 土 圠 圠 坦 坦 坦 垾 塄 場 場
마당 장	場 마당 장

春	총 9획 一 二 三 夫 夫 夫 春 春 春
봄 춘	春 봄 춘

農	총 13획	丨 冂 冃 冉 曲 曲 曲 严 严 農 農 農 農
농사 농	農	농사 농

午	총 4획	丿 𠂉 㐅 午
낮 오	午	낮 오

物	총 8획	丿 𠂉 牛 牛 牜 牞 物 物
물건 물	物	물건 물

家	총 10획	丶 丷 宀 宀 宀 宇 家 家 家 家
집 가	家	집 가

然	총 12획	丿 ク 夕 夕 夕 外 外 外 然 然 然 然
그럴 연	然	그럴 연

休	총 6획 丿 亻 亻 什 付 休
쉴 휴	休 쉴 휴

村	총 7획 一 十 才 木 木 村 村
마을 촌	村 마을 촌

林	총 8획 一 十 才 木 木 村 材 林
수풀 림	林 수풀 림

來	총 8획 一 厂 双 双 双 來 來 來
올 래	來 올 래

秋	총 9획 一 二 千 千 禾 禾 禾 秒 秋
가을 추	秋 가을 추

氣

기운 기

총 10획 丿 𠂉 𠂊 气 气 気 気 氣 氣 氣

氣 기운 기

不

아닐 불

총 4획 一 丆 不 不

不 아닐 불

平

평평할 평

총 5획 一 丆 丷 二 平

平 평평할 평

出

날 출

총 5획 丨 凵 屮 出 出

出 날 출

少

적을 소

총 4획 亅 小 小 少

少 적을 소

工	총 3획 一 丅 工
장인 공	工 장인 공

空	총 8획 丶 丷 宀 穴 穵 空 空 空
빌 공	空 빌 공

江	총 6획 丶 冫 氵 汀 江 江
강 강	江 강 강

所	총 8획 丿 厂 戶 戶 戶 所 所 所
바 소	所 바 소

力	총 2획 フ 力
힘 력	力 힘 력

男	총 7획	ㅣ ㄇ ㅂ ㅂ 田 甲 男
사내 남	男 / 사내 남	

方	총 4획	ㆍ ㅗ ㅎ 方
모 방	方 / 모방	

旗	총 14획	ㆍ ㆍ ㅗ ㅎ 方 圹 扩 扩 旃 旆 旆 旗 旗 旗
기 기	旗 / 기 기	

車	총 7획	ㆍ ㄱ ㅠ ㅋ 百 亘 車
수레 차	車 / 수레 차	

紙	총 10획	ㆍ ㄥ ㅛ ㅕ ㅕ 糸 糸 紅 紅 紙
종이 지	紙 / 종이 지	

主	총 5획 `丶 亠 ⺀ 丰 主`					
주인 주	主					
	주인 주					

住	총 7획 `丿 亻 亻 仁 住 住 住`					
살 주	住					
	살 주					

市	총 5획 `丶 亠 广 市 市`					
저자 시	市					
	저자 시					

里	총 7획 `丨 冂 曰 日 旦 甲 里`					
마을 리	里					
	마을 리					

重	총 9획 `丿 亠 千 舌 舌 盲 盲 重 重`					
무거울 중	重					
	무거울 중					

쓰는 순서를 잘 보고 따라 써 보세요.

動	총 11획
움직일 동	動 움직일 동

全	총 6획
온전 전	全 온전 전

答	총 12획
대답 답	答 대답 답

算	총 14획
셈 산	算 셈 산

數	총 15획
셈 수	數 셈 수

太	총 4획 一ナ大太
클 태	太 / 클 태

交	총 6획 丶亠ナ六六交
사귈 교	交 / 사귈 교

言	총 7획 丶亠亠亠言言言
말씀 언	言 / 말씀 언

信	총 9획 ノイ亻亻亻信信信信
믿을 신	信 / 믿을 신

訓	총 10획 丶亠亠亠言言言訁訓訓
가르칠 훈	訓 / 가르칠 훈

| 讀 | 총 22획 | `一亠亠言言言言言言言言言言言讀讀讀讀讀讀讀讀 |
| 읽을 독 | 讀 읽을 독 | |

| 計 | 총 9획 | `一亠亠言言言計 |
| 셀 계 | 計 셀 계 | |

| 音 | 총 9획 | `一亠立产音音音音 |
| 소리 음 | 音 소리 음 | |

| 意 | 총 13획 | `一亠立产音音音音意意意 |
| 뜻 의 | 意 뜻 의 | |

| 章 | 총 11획 | `一亠立产音音音音章章 |
| 글 장 | 章 글 장 | |

古	총 5획 一 十 𠃊 古 古
예 고	古 예 고

苦	총 9획 一 十 卝 艹 𦫳 芊 苎 苦 苦
쓸 고	苦 쓸 고

書	총 10획 ㄱ ㅋ ㅋ 𠀆 聿 聿 聿 書 書 書
글 서	書 글 서

晝	총 11획 ㄱ ㅋ ㅋ 𠀆 聿 聿 聿 書 書 書 晝
낮 주	晝 낮 주

畫	총 12획 ㄱ ㅋ ㅋ 𠀆 聿 聿 聿 書 書 書 書 畫
그림 화	畫 그림 화

쓰는 순서를 잘 보고 따라 써 보세요.

圖	총 14획 丨 冂 ... 圖
그림 도	圖 그림 도

急	총 9획
급할 급	急 급할 급

級	총 10획
등급 급	級 등급 급

服	총 8획
옷 복	服 옷 복

發	총 12획
쏠 발	發 쏠 발

目	총 5획 丨冂冃月目
눈 목	目 눈 목

現	총 11획 一二千王玑玑玑玥玥現現
나타날 현	現 나타날 현

行	총 6획 ノ彡彳彳一行行
다닐 행	行 다닐 행

術	총 11획 ノ彡彳彳什什休休休休術
재주 술	術 재주 술

各	총 6획 ノク夂夂各各
각각 각	各 각각 각

路	총 13획 丨 口 口 𧾷 𧾷 𧾷 𧾷 𧾷 𧾷 趵 跂 跂 路 路
길 로	路 길 로

愛	총 13획 爫 爫 爫 爫 爫 爫 爫 悉 悉 悉 愛 愛 愛
사랑 애	愛 사랑 애

庭	총 10획 丶 亠 广 户 庀 庄 庄 庭 庭 庭
뜰 정	庭 뜰 정

定	총 8획 丶 丶 宀 宀 宁 宁 宇 定
정할 정	定 정할 정

題	총 18획 丨 口 日 日 旦 早 早 昇 是 是 是 是 題 題 題 題 題 題
제목 제	題 제목 제

作	총 7획
지을 작	作 지을 작

昨	총 9획
어제 작	昨 어제 작

根	총 10획
뿌리 근	根 뿌리 근

銀	총 14획
은 은	銀 은 은

頭	총 16획
머리 두	頭 머리 두

短	총 12획 ノ ⺈ 𠂉 ⺧ 矢 矢 矢 知 知 知 短 短
짧을 단	短 짧을 단
失	총 5획 ノ ⺈ 𠂉 失 失
잃을 실	失 잃을 실
球	총 11획 一 二 Ŧ 王 王 玎 玎 玗 球 球 球
공 구	球 공 구
公	총 4획 ノ 八 公 公
공평할 공	公 공평할 공
共	총 6획 一 十 廾 共 共 共
한가지 공	共 한가지 공

病	총 10획	`丶 亠 广 广 疒 疒 疒 病 病 病`				
병병	病 병병					

醫	총 18획	`一 丂 丆 刃 乑 医 医 医 医 殹 殹 醫 醫 醫 醫 醫`				
의원 의	醫 의원 의					

死	총 6획	`一 丆 歹 歹 歼 死`				
죽을 사	死 죽을 사					

例	총 8획	`丿 亻 仁 仞 例 例 例 例`				
법식 례	例 법식 례					

始	총 8획	`く 女 女 好 始 始 始 始`				
비로소 시	始 비로소 시					

飮	총 13획 ノ 𠂉 𠂉 今 今 今 今 食 食 食 飮 飮 飮
마실 음	飮 마실 음

身	총 7획 ノ 亻 门 自 自 身 身
몸 신	身 몸 신

者	총 9획 一 十 土 耂 耂 者 者 者 者
놈 자	者 놈 자

使	총 8획 ノ 亻 亻 仁 佰 佰 使 使
하여금 사	使 하여금 사

號	총 13획 口 口 口 旦 号 号 号 号 號 號 號 號 號
이름 호	號 이름 호

한자	획순	뜻과 음
本	총 5획 一 十 才 木 本	근본 본
朴	총 6획 一 十 才 木 朩 朴	성 박
果	총 8획 丨 冂 日 日 旦 甲 果 果	실과 과
樹	총 16획 一 十 才 木 木 朾 朾 朾 栏 桔 桔 桔 桔 桔 樹 樹	나무 수
由	총 5획 丨 冂 日 由 由	말미암을 유

油	총 8획 `丶 丶 氵 氵 汩 汩 油 油`
기름 유	油 기름 유

新	총 13획
새 신	新 새 신

親	총 16획
친할 친	親 친할 친

速	총 11획
빠를 속	速 빠를 속

近	총 8획
가까울 근	近 가까울 근

李	총 7획 一 十 才 木 本 李 李					
	李					
오얏 리	오얏 리					

陽	총 12획 ' 阝 阝 阝 阝 阝 阳 阳 阳 陽 陽 陽					
	陽					
볕 양	볕 양					

郡	총 10획 ㄱ ㅋ ㅋ 尹 尹 君 君 君' 君ß 郡					
	郡					
고을 군	고을 군					

部	총 11획 ` 亠 亠 立 立 咅 咅 咅 咅' 咅ß 部					
	部					
떼 부	떼 부					

才	총 3획 一 十 才					
	才					
재주 재	재주 재					

在	총 6획 一 ナ 十 𠂇 存 在				
	在				
있을 재	있을 재				

利	총 7획 ´ 二 千 禾 禾 和 利				
	利				
이할 리	이할 리				

和	총 8획 ´ 二 千 禾 禾 和 和 和				
	和				
화할 화	화할 화				

科	총 9획 ´ 二 千 禾 禾 禾 禾 科 科				
	科				
과목 과	과목 과				

米	총 6획 ` ` ´ 丷 半 米 米				
	米				
쌀 미	쌀 미				

27일차 6급 한자 쓰면서 익히기

童	총 12획 丶 亠 亠 立 产 产 音 音 音 音 竜 童
아이 동	童 아이 동

理	총 11획 一 二 千 王 王 玎 玎 珂 珥 理 理
다스릴 리	理 다스릴 리

野	총 11획 丨 口 日 日 旦 甲 里 里 野 野 野
들 야	野 들 야

界	총 9획 丨 口 日 田 田 罒 甼 界 界
지경 계	界 지경 계

清	총 11획 丶 丶 氵 氵 汢 汢 沣 清 清 清 清
맑을 청	清 맑을 청

綠	총 14획	⟨ ⟨ ⟨ ⟨ ⟨ ⟨ ⟨ ⟨ 紀 紀 絳 綠 綠 綠
푸를 록	綠 푸를 록	

英	총 9획	⟨ ⟨ ⟨ ⟨ ⟨ ⟨ ⟨ 英 英
꽃부리 영	英 꽃부리 영	

永	총 5획	⟨ ⟨ ⟨ 永 永
길 영	永 길 영	

注	총 8획	⟨ ⟨ ⟨ ⟨ ⟨ ⟨ 注 注
부을 주	注 부을 주	

溫	총 13획	⟨ ⟨ ⟨ ⟨ ⟨ ⟨ ⟨ ⟨ 溫 溫 溫 溫 溫
따뜻할 온	溫 따뜻할 온	

光	총 6획 丨 丨丶 丨丷 ⺌ 业 光					
빛 광	光					
	빛 광					

明	총 8획 丨 冂 日 日 日) 日) 明 明					
밝을 명	明					
	밝을 명					

朝	총 12획 一 十 𠂇 古 古 吉 直 卓 卓) 朝 朝 朝					
아침 조	朝					
	아침 조					

夜	총 8획 丶 亠 广 亻 疒 夜 夜 夜					
밤 야	夜					
	밤 야					

石	총 5획 一 丆 不 石 石					
돌 석	石					
	돌 석					

反
돌이킬 반
총 4획 一 厂 万 反
反
돌이킬 반

黃
누를 황
총 12획 一 十 廾 廿 芈 芈 苗 苗 菌 菌 黄 黃
黃
누를 황

雪
눈 설
총 11획 一 ㄏ 冖 币 雨 雨 雨 雪 雪 雪 雪
雪
눈 설

半
반 반
총 5획 丶 丷 䒑 兰 半
半
반 반

班
나눌 반
총 10획 一 二 干 王 玎 玎 玑 玑 班 班
班
나눌 반

29일차 6급 한자 쓰면서 익히기

洋	총 9획	洋
큰 바다 양		큰 바다 양
美	총 9획	美
아름다울 미		아름다울 미
集	총 12획	集
모을 집		모을 집
多	총 6획	多
많을 다		많을 다
習	총 11획	習
익힐 습		익힐 습

弱	총 10획				
약할 약	弱 약할 약				

角	총 7획				
뿔 각	角 뿔 각				

番	총 12획				
차례 번	番 차례 번				

風	총 9획				
바람 풍	風 바람 풍				

窓	총 11획				
창 창	窓 창 창				

衣	총 6획 丶 亠 ナ 衣 衣 衣
옷 의	衣 옷 의

表	총 8획 一 = 十 主 声 耒 表 表
겉 표	表 겉 표

遠	총 14획 一 十 土 キ 吉 吉 声 声 袁 袁 遠 遠 遠 遠
멀 원	遠 멀 원

園	총 13획 丨 冂 冂 冂 冂 冂 冂 冂 冂 冂 園 園 園
동산 원	園 동산 원

線	총 15획 乙 幺 幺 糸 糸 糸 糸 糸 約 約 約 紳 線 線 線
줄 선	線 줄 선

孫	총 10획					
손자 손	孫 손자 손					

合	총 6획					
합할 합	合 합할 합					

會	총 13획					
모일 회	會 모일 회					

今	총 4획					
이제 금	今 이제 금					

區	총 11획					
구분할 구	區 구분할 구					

京	총 8획 丶亠亠古古亨京京					
	京					
서울 경	서울 경					

高	총 10획 丶亠亠古古古高高高高					
	高					
높을 고	높을 고					

向	총 6획 ′ 丨 冂 向 向 向					
	向					
향할 향	향할 향					

堂	총 11획 丨 丨丨 丷 尚 尚 尚 尚 尚 堂 堂 堂					
	堂					
집 당	집 당					

席	총 10획 丶亠广户庐庐庐庐庐席席					
	席					
자리 석	자리 석					

度
총 9획
법도 도
법도 도

社
총 8획
모일 사
모일 사

神
총 10획
귀신 신
귀신 신

禮
총 18획
예도 례
예도 례

體
총 23획
몸 체
몸 체

代
대신할 대
총 5획 ノ亻亻代代
代
대신할 대

式
법 식
총 6획 一 二 亍 亍 式 式
式
법 식

成
이룰 성
총 7획 丿 厂 厂 万 成 成 成
成
이룰 성

感
느낄 감
총 13획 丿 厂 厂 厂 后 后 咸 咸 咸 咸 感 感 感
感
느낄 감

戰
싸움 전
총 16획 丨 口 口 吅 吅 吅 吕 吕 呂 昍 單 單 戰 戰 戰
戰
싸움 전

쓰는 순서를 잘 보고 따라 써 보세요.

勝	총 12획	丿 𠀁 月 月 月' 月'' 月䒑 月䒑 胖 朕 勝 勝
이길 승	勝	이길 승

分	총 4획	丿 八 分 分
나눌 분	分	나눌 분

別	총 7획	丨 冂 口 另 另 別 別
나눌 별	別	나눌 별

幸	총 8획	一 十 土 圥 圭 坴 幸 幸
다행 행	幸	다행 행

形	총 7획	一 二 于 开 开' 形 形
모양 형	形	모양 형

34일차 6급 한자 쓰면서 익히기

用

쓸 용

총 5획 丿 冂 月 月 用

用

쓸 용

通

통할 통

총 11획 ㇇ ㇇ 乛 乃 丙 甬 甬 涌 涌 诵 通

通

통할 통

勇

날랠 용

총 9획 ㇇ ㇇ 乛 乃 丙 甬 甬 勇 勇

勇

날랠 용

功

공 공

총 5획 一 丅 工 玎 功

功

공 공

強

강할 강

총 11획 ㇆ ㇆ 弓 弘 弘 弘 弘 弘 強 強 強

強

강할 강

쓰는 순서를 잘 보고 따라 써 보세요.

第	총 11획
차례 제	第 / 차례 제

放	총 8획
놓을 방	放 / 놓을 방

族	총 11획
겨레 족	族 / 겨레 족

業	총 13획
업 업	業 / 업 업

對	총 14획
대할 대	對 / 대할 대

聞	총 14획 丨 冂 鬥 ... 聞
들을 문	聞 들을 문

開	총 12획 丨 冂 鬥 ... 開
열 개	開 열 개

待	총 9획 ノ 彳 彳 ... 待
기다릴 대	待 기다릴 대

特	총 10획 ノ 𠂉 牛 ... 特
특별할 특	特 특별할 특

等	총 12획 ノ 𠂉 ⺮ ... 等
무리 등	等 무리 등

쓰는 순서를 잘 보고 따라 써 보세요.

運

총 13획

운

옮길 운

옮길 운

省

총 9획

省

살필 성

살필 성

消

총 10획

消

사라질 소

사라질 소

樂

총 15획

樂

즐길 락

즐길 락

藥

총 19획

藥

약 약

약 약

한자 쓰기 연습

헷갈리는 한자만 모아 연습하세요.

한자 쓰기 연습

헷갈리는 한자만 모아 연습하세요.

한자 쓰기 연습

헷갈리는 한자만 모아 연습하세요.

바빠 초등 사자성어 + 따라 쓰기 | 12,000원

영재 교육학 박사가 만든 사자성어 책!

교과서 사자성어로 표현력 향상! 손 글씨는 예쁘게!

특별 부록 사자성어 초성 퀴즈 카드 50장

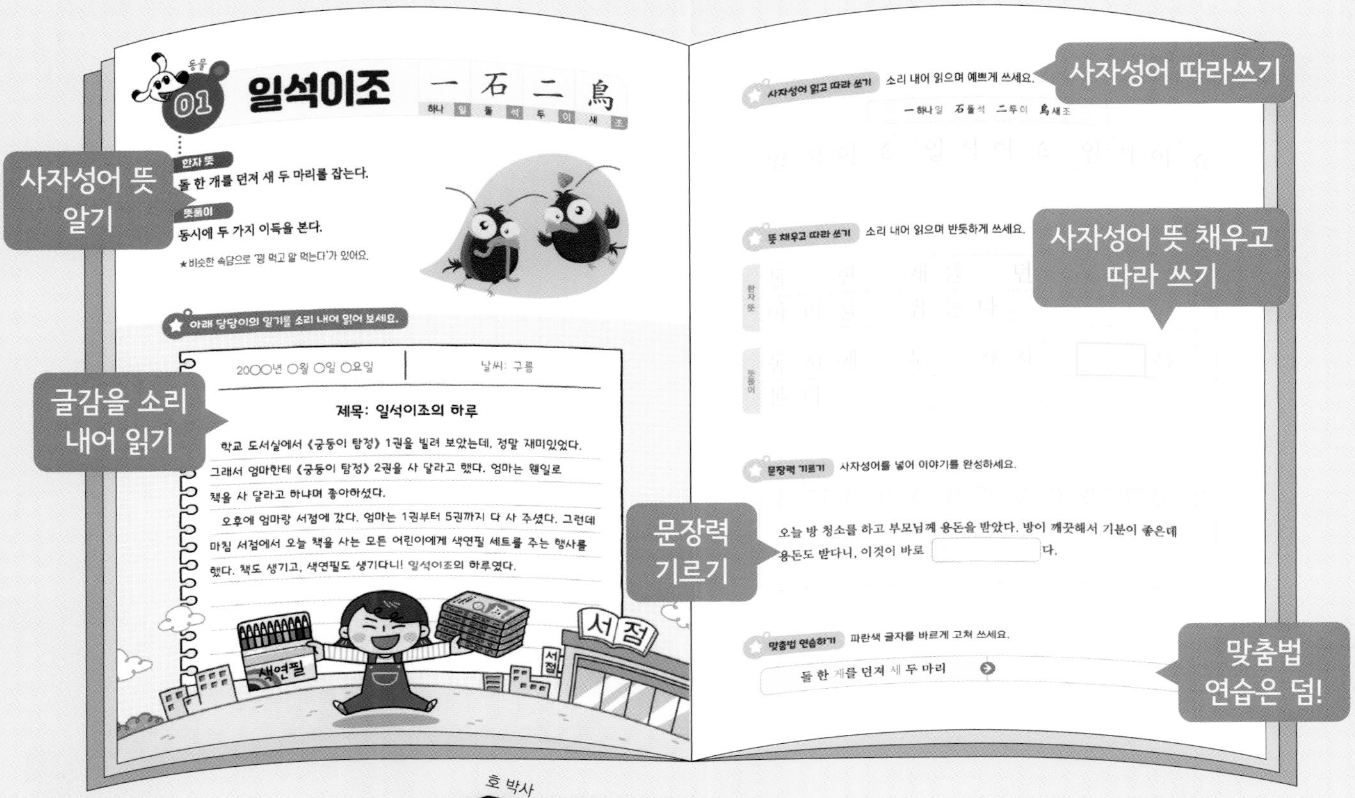

바빠 초등 속담 + 따라 쓰기도 있어요!

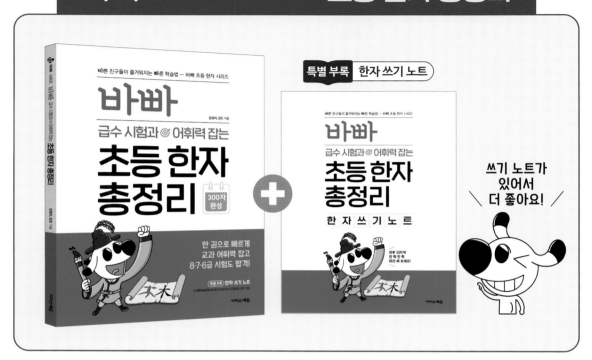

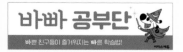

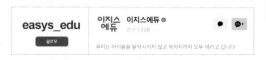

바쁜 친구들이 즐거워지는 빠른 학습서

영역별 연산책 바빠 연산법
방학 때나 학습 결손이 생겼을 때~

- 바쁜 1·2학년을 위한 빠른 **덧셈**
- 바쁜 1·2학년을 위한 빠른 **뺄셈**
- 바쁜 초등학생을 위한 빠른 **구구단**
- 바쁜 초등학생을 위한 빠른 **시계와 시간**

- 바쁜 초등학생을 위한 빠른 **길이와 시간 계산**
- 바쁜 3·4학년을 위한 빠른 **덧셈/뺄셈**
- 바쁜 3·4학년을 위한 빠른 **곱셈**
- 바쁜 3·4학년을 위한 빠른 **나눗셈**
- 바쁜 3·4학년을 위한 빠른 **분수**
- 바쁜 3·4학년을 위한 빠른 **소수**
- 바쁜 3·4학년을 위한 빠른 **방정식**

- 바쁜 5·6학년을 위한 빠른 **곱셈**
- 바쁜 5·6학년을 위한 빠른 **나눗셈**
- 바쁜 5·6학년을 위한 빠른 **분수**
- 바쁜 5·6학년을 위한 빠른 **소수**
- 바쁜 5·6학년을 위한 빠른 **방정식**
- 바쁜 초등학생을 위한 빠른 **약수와 배수, 평면도형 계산, 입체도형 계산, 자연수의 혼합 계산, 분수와 소수의 혼합 계산, 비와 비례, 확률과 통계**

바빠 국어/ 급수한자
초등 교과서 필수 어휘와 문해력 완성!

- 바쁜 초등학생을 위한 빠른 **맞춤법 1**
- 바쁜 초등학생을 위한 빠른 **급수한자 8급**
- 바쁜 초등학생을 위한 빠른 **독해 1, 2**

- 바쁜 초등학생을 위한 빠른 **독해 3, 4**
- 바쁜 초등학생을 위한 빠른 **맞춤법 2**
- 바쁜 초등학생을 위한 빠른 **급수한자 7급 1, 2**

- 바쁜 초등학생을 위한 빠른 **급수한자 6급 1, 2, 3**
- 보일락 말락~ 바빠 **급수한자판 + 6·7·8급 모의시험**

- 바빠 급수 시험과 어휘력 잡는 초등 **한자 총정리**
- 바쁜 초등학생을 위한 빠른 **독해 5, 6**

바빠 영어
우리 집, 방학 특강 교재로 인기 최고!

- 바쁜 초등학생을 위한 빠른 **알파벳 쓰기**
- 바쁜 초등학생을 위한 빠른 **영단어 스타터 1, 2**
- 바쁜 초등학생을 위한 빠른 **사이트 워드 1, 2** (유튜브 강의 제공)
- 바쁜 초등학생을 위한 빠른 **파닉스 1, 2**

- 전 세계 어린이들이 가장 많이 읽는 **영어동화 100편 : 명작/과학/위인동화**
- 짝 단어로 끝내는 바빠 **초등 영단어** — 3·4학년용
- 바쁜 3·4학년을 위한 빠른 **영문법 1, 2**
- 바빠 초등 **필수 영단어**
- 바빠 초등 **필수 영단어 트레이닝**
- 바빠 초등 **영어 교과서 필수 표현**
- 바빠 초등 **영어 일기 쓰기**

- 짝 단어로 끝내는 바빠 **초등 영단어** — 5·6학년용
- 바빠 초등 **영문법** — 5·6학년용 1, 2, 3
- 바빠 초등 **영어시제 특강** — 5·6학년용
- 바쁜 5·6학년을 위한 빠른 **영작문**
- 바빠 초등 하루 5문장 **영어 글쓰기 1, 2**

읽는 재미를 높인 초등 문해력 향상 프로그램

바빠 독해 (전 6권)

바빠

1-2 단계

1~2 학년

3-4 단계

3~4 학년

5-6 단계

5~6 학년

비문학 지문도 재미있게 읽을 수 있어요!

바빠 독해 1~6단계

각 권 9,800원

- **초등학생이 직접 고른 재미있는 이야기들!**
  - 연구소의 어린이가 읽고 싶어 한 흥미로운 이야기만 골라 담았어요.
  - 1단계 | 이솝우화, 과학 상식, 전래동화, 사회 상식
  - 2단계 | 이솝우화, 과학 상식, 전래동화, 사회 상식
  - 3단계 | 탈무드, 교과 과학, 생활문, 교과 사회
  - 4단계 | 속담 동화, 교과 과학, 생활문, 교과 사회
  - 5단계 | 고사성어, 교과 과학, 생활문, 교과 사회
  - 6단계 | 고사성어, 교과 과학, 생활문, 교과 사회
- **읽다 보면 나도 모르게 교과 지식이 쑥쑥!**
  - 다채로운 주제를 읽다 보면 초등 교과 지식이 쌓이도록 설계!
  - 초등 교과서(국어, 사회, 과학)와 100% 밀착 연계돼 학교 공부에도 직접 도움이 돼요.
- **분당 영재사랑 연구소 지도 비법 대공개!**
  - 종합력, 이해력, 추론 능력, 분석력, 사고력, 문법까지 한 번에 OK!
  - 초등학생 눈높이에 맞춘 수능형 문항을 담았어요!
- **초등학교 방과 후 교재로 인기!**
  - 아이들의 눈을 번쩍 뜨게 할 만한 호기심 넘치는 재미있고 유익한 교재!

(남상 초등학교 방과 후 교사, 동화작가 강민숙 선생님 추천)

16년간 어린이들을 밀착 지도한 호사라 박사의 독해력 처방전!

영재 교육 선생님들의 선생님!
호사라 박사

"초등학생 취향 저격! 집에서도 모든 어린이가 쉽게 문해력을 키울 수 있는 즐거운 활동을 선별했어요!"

★ 서울대학교 교육학 학사 및 석사
★ 버지니아 대학교(University of Virginia) 영재 교육학 박사

분당에 영재사랑 교육연구소를 설립하여 유년기(6세~13세) 영재들을 위한 논술, 수리, 탐구 프로그램을 16년째 직접 개발하며 수업을 진행하고 있어요.